W0058243

Susanne Storck

ABGEFAHREN

Auf dem Rad durch Deutschland
mit wenig Geld und viel Gepäck

**Sportwelt
Verlag**

Lektorat: Brigitte Caspary, Egloffstein
Druck und Bindung: GGP Media GmbH, Pößneck

1. Auflage 2011
© 2011 Sportwelt Verlag®
Inh. Nicole Luzar
Am Wasserstein 3
D-91282 Betzenstein
mail@sportwelt-verlag.de
www.sportwelt-verlag.de

Bestellungen bitte an:
Herold Auslieferung & Service GmbH
Raiffeisenallee 10
D-82041 Oberhaching
Tel.: 0049–(0)89-613871–16
Fax.: 0049–(0)89-613871–55 16
herold@herold-va.de

Alle Rechte vorbehalten, einschließlich derjenigen des auszugsweisen Abdrucks sowie der photomechanischen und elektronischen Wiedergabe.

ISBN 978-3-941297-02-9

Weitere Titel im Internet unter www.sportwelt-verlag.de

Vorwort

Was treibt eine Frau von Anfang vierzig dazu, sich aufs Rad zu schwingen und ins Unbekannte loszustrampeln? Ein Rest jugendlichen Leichtsinns, Lust auf das Abenteuer, die Grenzerfahrung?

Als meine Freundin Susanne Storck mir erzählte, dass sie im Sommer 2007 die Möglichkeit hatte, reichlich zwei Monate aus ihrer Arbeit „auszusteigen", regte sich bei mir der Neid. Ich dachte sofort an Erholung, In-den-Tag-Hineinleben und entspanntes Reisen. Das hätte mir gefallen.

Aber nicht Susanne. Sie hatte mit den sonst so banalen Urlaubsträumen überhaupt nichts am Hut, und in der Tat hinterließ ihre Idee, mit dem Rad an den Bodensee zu fahren, bei mir – und vielen anderen auch – erst einmal ein großes Fragezeichen und Ungläubigkeit.

Diese Tour erweckte in mir nur die Vorstellung einer Tortur. Keiner hätte mich zu so einem Unternehmen überreden können. Schon allein der Gedanke, eine derart weite Strecke allein zu bewältigen…

Eins war mir jedoch von Anfang an klar: Wenn sich diese Frau etwas vornimmt, kann sie nichts und niemand aufhalten. Das war schon immer so – und wird hoffentlich auch so bleiben.

Mit der Unbekümmertheit eines Kindes nahm sie Kurs auf ihr Radler-Traumziel – da gab es keine Kompromisse.

Wenn Susanne das Abenteuer ruft, dann steht sie parat für alle Herausforderungen. Hürden sind für sie dazu da, überwunden zu werden. Und die gab es auf der Tour reichlich.

Das Bild eines längeren entspannten, gemütlichen Fahrradausfluges wollte sich bei mir während der gesamten 7 Wochen, die meine Freundin schließlich unterwegs war, nicht einstellen. Immer lauerten im Hinterkopf die Fragen: Wo ist sie gerade, kommt sie gut voran, hält das Wetter, wo schläft sie heute? Und dann folgte stets ein kurzes Aufatmen, wenn per E-Mail oder SMS ein Lebenszeichen eintrudelte. Aber die Anspannung blieb, denn es waren ja nur zusammenfassende Momentaufnahmen, von denen wir lasen.

Ein Mittelgebirge fiel mir vom Herzen, als sie endlich wieder zu Hause angekommen war. Gesund und munter.

Die Erlebnisse dieser außergewöhnlichen Reise haben Susanne inspiriert, sie aufzuschreiben – es ist jedoch ein ebenso großes Erlebnis, sie davon erzählen zu hören.

Auch jetzt noch, vier Jahre nach der Tour, muss ich über so viel Leicht-Sinn und Toll-Kühnheit den Kopf schütteln und schmunzeln. Du hast es geschafft!

Suse, ich ziehe nach wie vor den Hut vor Deiner Beharrlichkeit bei der Vorbereitung und während Deines Abenteuers – Du und Deine persönliche Extremtour waren und sind einfach … abgefahren.

Kerstin Wolf
Bamberg im April 2011

Inhalt

2.716 Kilometer in 51 Tagen durch Deutschland
mit 400 Euro Bargeld und ohne Geldkarte

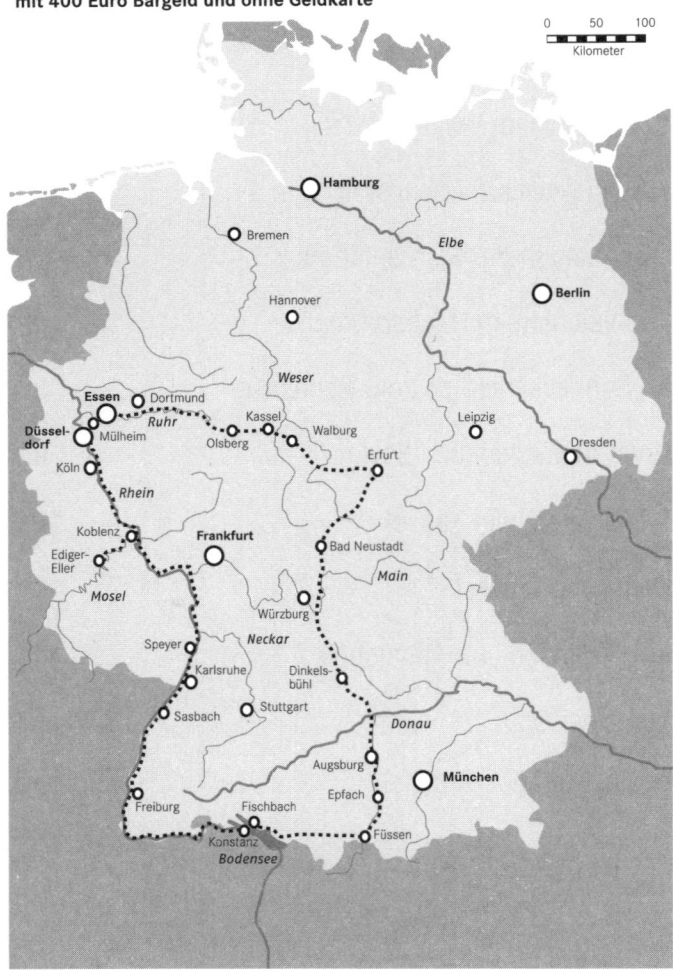

Kapitel 1

Reise zum Käsebrot

„Das schaffst du nicht!" Diesen Satz flüstert mir mein Wankelmut zu – an diesem Vormittag im Juni 2007. Als ich aufs Fahrrad steige und zum Abschiedskaffeeklatsch zu meiner Nachbarin radle, die nur wenige hundert Meter entfernt wohnt, glaube ich zum ersten Mal, dass die Zweifler in meinem Freundeskreis am Ende Recht behalten könnten. Ich stehe erst am Anfang, und schon werden mir meine Reisepläne selbst ein bisschen unheimlich. Das insgesamt 16 Kilogramm schwere Gepäck auf meinem Rad, verteilt auf zwei Seitentaschen, einen Seesack auf dem Gepäckträger und eine kleine Fronttasche, in der ich Radwegekarten, Fotoapparat und Wegzehrung verstaue, verlangt vollsten körperlichen Einsatz, einen ausgeprägten Gleichgewichtssinn und Balance. Allerdings fühle ich mich anfangs wie ein unförmiges, tollpatschiges Wesen, das nur mühselig schlingernd von der Stelle kommt.

Das Gepäck zerrt auch an meinem Selbstbewusstsein. „Du kommst nie an dein Ziel", schießt es mir durch den Kopf. Wie konnte ich nur so verwegen die Fahrt vorbereiten?! Bis auf die Anschaffung eines soliden Rades, das ich später ein Jahr lang in Raten abzahle, teure Reifen, die einen Platten verhindern sollen, Taschen, etwas Kleidung und Radwegekarten organisierte ich nur noch die erste Etappe nach Düsseldorf mit Übernachtung. Ansonsten soll sich das Leben seinen Weg bahnen – und ich mittendrin, mit nur 400 Euro Bargeld im Gepäck. Die Geldkarte bleibt zuhause. Ich will wissen, wie weit ich komme und ob und wie ich den Bodensee erreiche. Da ich Flusslandschaften liebe, habe ich mich entschieden, immer am Rhein entlang zu fahren.

Neun freie Wochen liegen vor mir, eine traumhafte Aussicht. Diese Auszeit empfinde ich als puren Luxus. Ich arbeite als Redakteurin bei der Neuen Ruhr Zeitung (NRZ) in der Stadtredaktion Essen und nutze erstmals das Angebot „Zeit für Nachwuchs" meines Arbeitgebers. Das bedeutet, ich verkürze meine Arbeitszeit und verzichte auf einen Teil meines Gehalts, das mir ein Jahr lang monatlich prozentual abgezogen wird. Das Geld kommt einem Redakteur zugute, der gerade mit seiner Ausbildung fertig geworden ist. Er wird zumindest für einige Zeit befristet angestellt.

Was mich antreibt? Ich bin nicht auf Sinnsuche oder auf einem Aussteigertrip. Die pure Abenteuerlust, die Sehnsucht, mal längere Zeit völlig ohne Zeitdruck und Verpflichtungen in den Tag hinein zu leben und eine große Neugier auf Land und Leute lassen mich in die Pedale treten. Ich war schon in Mexiko, in Ghana, in vielen europäischen Ländern, aber die südliche Hälfte Deutschlands kenne ich fast nicht. Das soll sich ändern.

Auch die sportliche Herausforderung reizt mich. Noch vor zwei Jahren hätte mich keine Macht der Welt zu dieser Tour überreden können. Da war ich noch Kettenraucherin und der Meinung „Sport ist Mord". Die erfolgreiche Überwindung der Nikotinsucht ging einher mit beginnendem Spaß an körperlicher Bewegung. Und damit es mich nicht gleich am Anfang aus dem Sattel wirft, trainierte ich vor meiner Radreise im Fitnessstudio. Dahin zieht es mich heute noch regelmäßig.

Zeit zum Aufbruch: ein letzter Schluck Kaffee, eine letzte Umarmung meiner Nachbarin. Sie drückt mir ein kleines schwarzes Täschchen in die Hand mit lauter Kosmetikproben, Aspirin, Pflaster und einem gefalteten Zehn-Euro-Schein. Ich werde alles gut gebrauchen können. Noch könnte ich wieder nach Hause fahren, das ganze Projekt wie eine Seifenblase platzen lassen, immer nur bequem und bedenkenlos darü-

10

ber reden, dass ich mal eine längere Radtour vorhabe und mir stattdessen neun Wochen Faulenzerei und komfortablen Urlaub gönnen. Von wegen! Für diese Mischung aus Trotz und Stolz werde ich später belohnt. Aus der Zitterpartie, die sich gerade noch vornehmlich in meinem Kopf abspielt, wird nämlich die Tour meines Lebens.

Zunächst führt mich mein Weg zum Mülheimer Hauptbahnhof. Hier komme ich schweißüberströmt und mit hochrotem Kopf nach 30 Minuten an. Sonst brauche ich für die leichte, gerade mal fünf Kilometer lange Strecke, auf der man einen lang gezogenen Berg hinunter braust, 15, höchstens 20 Minuten. Ich schaffe es gerade so, pünktlich zu sein, als auch schon Thomas, ein Freund von mir, im Zug und mit seinem Rad aus Düsseldorf ankommt. Meine erste Etappe führt in die Landeshauptstadt, wo Thomas wohnt. Er begleitet mich und bietet mir eine Übernachtung. Die Reise beginnt also im geschützten Rahmen – und auf dem Ruhrtal-Radweg. Dieser führt durch Nordrhein-Westfalen, ist insgesamt 230 Kilometer lang, beginnt an der Quelle der Ruhr nördlich von Winterberg im Sauerland und endet in Duisburg-Ruhrort, wo der Fluss in den Rhein fließt. Wochen später werde ich diesen wunderschönen Radweg fast in seiner ganzen Länge auf meiner Heimreise genießen. Aber der Gedanke daran ist an diesem Vormittag so weit weg wie der Mond.

Jetzt führt der Weg nach Duisburg. Die Strecke bin ich schon oft gefahren. Diesmal endet sie nicht mit einem Bummel durch den Innenhafen, sondern reicht weiter in die Innenstadt. Wir legen einen ersten Stopp beim Bäcker ein, Thomas spendiert Hefeteilchen mit Mandeln und Kaffee. Ich werde noch oft Menschen treffen, die so großzügig sind. Und ich werde noch oft in Situationen geraten wie diese: Wo geht's jetzt weiter? Eine Anfrage in der Touristen-Info bringt uns nur kurzzeitig auf den richtigen Rhein-Radweg, doch die etwas ruhigere rechtsrheinische Seite ist schlecht ausgeschildert, zumindest im Juni 2007, da braucht man schon Pfadfinder-Qualitäten. In Duisburg-Hochfeld beispielsweise weist das Schild eindeutig geradeaus, aber nach zehn Metern geht's auf einer dicht befahrenen Straße nur nach links oder rechts weiter. Wir entscheiden uns richtig, passieren Wanheimerort, Angerhausen, Hüttenheim, vorbei am Stahlwerk von ThyssenKrupp. Diese Gegend wartet mit bester „Schimanski-Kulisse" auf.

Und dann endlich, nach nicht ganz drei Stunden und 46 Kilometern auf dem Rad, zwischen Bockum und Wittlaer, werden meine Anstrengungen mit dem ersten freien Blick auf den Rhein belohnt. Der Fluss wird mir ein treuer Begleiter sein.

Aber zunächst winkt in Kaiserswerth mein erstes „Füchschen Alt". Frisch gezapft, eiskalt schmeckt es auf dem urigen Marktplatz. Die nächste Erfrischung wartet am Brunnen der Wassergewinnungsanlage „Am Staad". Wir nähern uns dem Zentrum von Düsseldorf, auf der anderen Rheinseite im Hafen blinken die Gerry-Häuser in der heißen Sommersonne. Aber mir steht nicht der Sinn nach Touristenattraktionen, meine Beine strampeln eindeutig in Richtung Etappenziel. Vorher wird's noch mal ländlich mit Kornblumen- und Mohn-Farbklecksen in Getreidefeldern und einem süßen, betörenden Duft nach Lindenblüten. Schmunzelnd registriere ich die Reaktionen von Passanten auf uns ungleiches Paar: Bepackt wie ein Esel und mit hochroter Birne strample ich mich auf den letzten Kilometern ab, Thomas fährt entspannt neben mir mit kaum Gepäck auf dem Drahtesel. „Na, geht doch", drückt mancher Männerblick mit Genugtuung aus. Bei den Frauen kriegt Thomas ohne Worte sein Fett weg im Sinne von „was für ein Chauvi-Schuft".

Wir radeln unverdrossen weiter. Nach 74 Kilometern oder vier Stunden und 40 Minuten habe ich die erste Tagestour geschafft. Bei meinem Gastgeber in Düsseldorf-Bilk warten eine Dusche auf mich, frische Kleidung und leckere Käsebrote. Ich bin kaputt, aber glücklich. Mir tut der Hintern weh, weil ich mich am Morgen für eine normale Stoffhose und gegen die gepolsterte Radlerhose entschieden hatte, meine Beine sind schwer wie Blei. Egal. Es zählt nur das Angekommen sein. Wie konnte ich am Morgen auch nur eine Sekunde am Gelingen meiner Tour zweifeln...

Kapitel 2

Einkaufen ohne Geld

Am nächsten Morgen fühle ich mich gut erholt und will die Welt aus den Angeln heben. Gestärkt mit einem guten Frühstück, das ich ansonsten in meinem normalen Alltag meist verschmähe, bepacke ich das Rad und schwinge mich in den Sattel. Adieu Thomas!

Es geht gut voran, in Leverkusen versperren die Bayer-Werke den direkten Weg am Rhein entlang, ich muss eine große Schleife um das Industriegebiet herum fahren. Gegen Mittag kann ich bei der Anfahrt nach Köln lange den Dom auf der anderen Rheinseite bewundern. Er wurde ab 1248 erbaut, um den Herrn zu preisen. Kaum zu glauben, dass der gotische Prachtbau einst ganz weltlichen Zwecken diente, beispielsweise als Lagerraum. So geschehen ab 1794, als die französischen Besatzungstruppen in Köln das Sagen hatten und Erzbischof und Domkapitel geflohen waren. Erst 1801 bekam der Dom wieder seine Weihe als Gotteshaus.

Aber an diesem Morgen hat die 157 Meter hohe architektonische Offenbarung mit Platz für insgesamt 4.000 Menschen für mich nichts Erhabenes. Ich genieße einfach nur aus der Ferne den Blick aufs Weltkulturerbe. Das ist das Schöne: Wer radelnd unterwegs ist, bekommt einen anderen Blick von der und auf die Welt. Ob Kirchen, Hochhäuser, Industrieanlagen, Wälder, Seen und Felder – alles wirkt intensiv, echt, natürlich. Man ist eben nah dran und mitten drin. Man kann relativ schnell Orte wechseln und ist – anders als im Auto – dabei keinesfalls abgeschirmt.

Auf Kölner Gebiet muss ich erstmals meine Flasche mit Leitungswasser nachfüllen. Kein Problem in einer Kneipe. Die ersten Regentropfen bekomme ich auch noch in Köln ab, am Weidenweg. Im Stadtteil Westhoven sollte man immer schön auf dem Radweg bleiben, es herrscht „absolutes Betretungsverbot", wie es in gruseligem Amtsdeutsch auf diversen Schildern steht. Die Natur holt sich die brach liegende Fläche zurück, auf strubbligen Grasflächen wachsen kreuz und quer Sträucher und Bäume. Aufgrund der historischen Nutzung sei das Gelände mit Munition und anderen Kampfmitteln verseucht, heißt es. Nach dem Zweiten Weltkrieg, in dem viele Bomben auf das Areal abgeworfen wurden, war es ein Truppenübungsplatz. Die ehemalige Kaserne „Brasseur" hatte hier ihren Standort, erfährt der Wanderer auf dem Rad. Die Gegend, in der es nur mich zu geben scheint, wirkt gespenstisch. Schnell weg hier.

Der Regen wird stärker, dies ist die Premiere für mein Cape. Unter dem dichten Blätterdach einer Allee direkt am Rheinufer mache ich Pause. Weiter geht's über Rheidt, Mondorf und Bergheim nach Bonn, eine wunderschöne Strecke. Im Laufe des Nachmittags passiere ich Königswinter, wo ich die in meinem Radroutenbuch aufgelisteten Übernachtungsmöglichkeiten im nahegelegenen Bad Honnef mit dem Handy abtelefoniere. Noch habe ich das Bedürfnis nach Organisation und festen Adressen. Und ich führe die einzige Spielregel auf meiner Tour ein, an die ich mich bis zum Ende halte: Spätestens am frühen Abend, auf jeden Fall vor Einbruch der Dunkelheit, muss klar sein, wo und unter welchen Umständen ich übernachte.

Als ich gegen 18 Uhr im Gästehaus Hilde Haag in Bad Honnef ankomme, bin ich mächtig stolz auf mich: Ich habe fast 105 Kilometer zurückgelegt, und das ist erst die zweite Etappe. In der Pension fühle ich mich vom ersten Augenblick an pudelwohl. Betreiberin ist Hilde Haag, Tochter Yvonne hilft ihr bei den Buchungen der Gästeanfragen oder beim Herrichten der Zimmer, wenn neue Gäste kommen. Ich fasse mir ein Herz und versuche erstmals, mich zu verdingen. Denn das werde ich tun müssen, um finanziell über die Runden zu kommen. Ich biete für den nächsten Vormittag meine Dienste an. Ich könnte im Garten helfen oder Pensionszimmer putzen und würde dafür nur die Hälfte des Übernachtungspreises zahlen. Die gastfreundliche Frau Haag kann mir kurzfristig keinen Job bieten, aber sie kassiert nur 20 statt der regulären 23 Euro ab. Ich komme mir vor, als hätte ich eine 7000-Euro-Sofortrente gewonnen. Zumal ich in der Stadt auch erfolgreich um kostenlose Lebensmittel bitte. In einer Bäckerei bettle ich zum ersten Mal in meinem Leben um Brötchen. Mit klopfendem Herzen betrete ich kurz vor Ladenschluss das Geschäft und konfrontiere eine nett wirkende Verkäuferin mit meinem Anliegen: „Guten Tag, ich fahre vom Ruhrgebiet an den Bodensee – mit großem Gepäck und kleiner Reisekasse (und zeige dabei auf mein draußen geparktes Rad). Könnte ich zwei Brötchen bekommen?" Die Verkäuferin guckt und sagt ganz ruhig: „Noch mal." Ich wiederhole mein Anliegen, diesmal langsamer. Währenddessen lächelt sie mich an, sagt: „Klar, kein Problem", packt vier Brötchen in eine Tüte, reicht sie mir über den Tresen und wünscht mir gute Fahrt. Vier leckere knusprige Brötchen, ich kann's kaum fassen. Diese schönen Erfahrungen machen mich leichtsinnig: Ich kaufe zwei Kugeln Eis für 1,20 Euro und ein Alster für 2,10 Euro. Abends falle ich erschöpft, satt und zufrieden ins Bett.

Kapitel 3

Ausreißer-Ausflug an die Mosel

Am dritten Tag wechsle ich morgens zum ersten Mal mit einer Fähre in Bad Honnef die Rheinseite. Die Überfahrt kostet einen Euro. Leider beginnt der Tag wieder mit Regen. Sich unterzustellen lohnt nicht, der wolkenverhangene graue Himmel verspricht noch mehr Nass. Ich trete stoisch in die Pedale, unterwegs liegt vertäut ein Restaurant-Schiff, auf dem Gehweg vor der Treppe, die zum Schiff hinunterführt, steht ein Schild mit der Botschaft: geöffnet. Das passt gut, mein Körper schreit nach Koffein. Als ich unten an der Treppe angekommen bin, sind die zwei Menschen weg, die da eben noch standen. Die Tür ist verschlossen. Auf mein Klopfen reagiert niemand. Erst als ich um Hilfe rufe, bequemt sich ein mürrisch dreinschauender Mann zur Tür. Ich bestelle einen Kaffee. Er sagt: geschlossen! Diese Form von Ungastlichkeit erlebe ich zum Glück ganz selten.

In Remagen schüttet es wie aus Kannen. Umso bedrohlicher wirken die Reste der berühmten Remagener Brücke. Die Eisenbahnbrücke mit zwei Gleisen und einem Weg für Fußgänger wurde im Ersten Weltkrieg aus militärischen Gründen gebaut. Kurz vor Ende des Zweiten Weltkrieges versuchten die Deutschen vergeblich, das Bauwerk zu sprengen. Eine Vorhut der 9. US-Panzerdivision eroberte die Brücke. Es folgten jedoch weitere Versuche der Deutschen, die Stahlkonstruktion zu zerstören. Am 17. März 1945 stürzte sie ein.

Aber das Wesentliche gelang: „Diese Verbindung ermöglichte den alliierten Truppen im März 1945 den ersten Rheinübergang", heißt es im Rhein-Radweg-Buch Teil 3 von *bikeline*. Deren Radtourenbücher mit Ausflugstipps, Übernachtungsadressen, Erklärung von Sehenswürdigkeiten und vielem mehr bieten wirklich verlässliche Karten und Streckenbeschreibungen.

Immer direkt am Ufer entlang führt der Weg weiter über Sinzig, Bad Breisig, Andernach und schließlich nach Koblenz, wo am Deutschen Eck die Mosel in den Rhein fließt. Es ist ein bewegender Moment, dort zu stehen und dem Naturschauspiel so nahe zu sein.

In Koblenz am Freitagnachmittag angekommen, werde ich erst Sonntagmittag wieder hier sein und für das Wochenende meine geplante Route verlassen. Deshalb erlaube ich mir, um 16.07 Uhr mit Rad in den Zug nach Cochem zu steigen, wo ich kurz vor 17 Uhr ankomme. Auf dem Bahnhof funktioniert das Gepäckband nicht, so dass ich meinen ganzen Krempel nach unten schleppen und dann wieder aufladen muss. Dafür werde ich auf dem Moselradweg in Richtung Trier entschädigt, der direkt am Ufer und an steilen Weinbergen entlang führt. Die Sonne lacht, worauf man sich in einer der wärmsten Gegenden Deutschlands meistens verlassen kann. Im Ort Bruttig bitte ich im Rathaus-Café erfolgreich um eine Bockwurst, Brötchen habe ich noch. Ich mache Rast auf einem Weingut in Mesenich, wo mir die Gastgeberin erfrischende Cola spendiert. Von Cochem aus nach etwa 20 Kilometern bin ich am Ziel meiner Ausreißer-Tour: Ediger-Eller. Hierher fahre ich schon seit Jahren immer wieder – mit dem Auto – und helfe im Herbst, wenn es zeitlich passt, dem Winzer Peter Göbel ein paar Tage lang bei der Weinlese. Ediger-Eller ist mein Mosel-Geheimtipp. In dem romantischen Doppelort, der im Jahr 1969 aus der Verschmelzung der beiden Ortsteile Ediger und Eller entstand, stehen zauberhaft restaurierte Giebelfachwerkhäuser, berühmt ist die Kreuzkapelle auf dem Ediger Berg. In Ediger-Eller kann man in lauschigen Gassen auf Entdeckungsreise gehen, bei Festen die heimische Küche genießen wie den „Debbekoche", ein Topfkuchen aus geriebenen Kartoffeln, Brötchen, Eiern, Zwiebeln, Mehl und Gewürzen. Ganz in der Nähe liegt das Winzerdorf Bremm, wo schon – wie an der gesamten Mosel – die Römer Wein anbauten. In der Nähe ragt der Calmont in den Himmel. Mit einer Steigung von 65 Grad ist er der steilste Weinberg Europas. Durch den Calmont führt ein Klettersteig, eine landschaftlich einmalig schöne Herausforderung für Wanderer, die gut zu Fuß und frei von Höhenangst sein sollten. Mein erster und einziger Versuch, durch den Calmont zu laufen, liegt lange zurück und schlug leider fehl. Die Höhe und vor allem die Steilheit des Berges und der ganz schmale Wanderweg am Rande des Abgrunds machten mir zu schaffen. Davon konnte mich kein noch so schöner Ausblick ablenken. Mit weichen Knien drehte ich schon nach wenigen Metern um und wünschte mir ein Taxi herbei…

In Ediger-Eller habe ich im Laufe der Jahre viele Menschen kennen und schätzen gelernt. Sie erweisen sich auch an diesem Wochenende als wunderbare Gastgeber, die diesmal wie selbstverständlich meine Rechnungen übernehmen. Wie Jürgen Feiden, der mit seiner Frau Claudia direkt am Moselufer ein Hotel und ein Restaurant betreibt. Er traut mir die Radtour zu, glaubt aber nicht, dass ich mit so wenig Geld so weit komme. Er reicht mir zum Abschied einen zugeklebten Briefumschlag – für den Notfall. Ich halte ihn aus Neugier gegen das Licht und sehe zwei Euro-Scheine, einer davon ist auf jeden Fall ein 50er. Ich stecke den Umschlag ein, empfinde ihn als Beruhigungspille. Ob ich sie schlucken muss? Abwarten.

Umsonst einkehren darf ich auch bei Glory und Christa, die die schönste Dorfkneipe weit und breit betreiben, sowie in der Winzerschänke Feiden. Hier gibt's keine Speisekarte, die kommt stets sehr lebendig aus der Küche gefegt in Form von Richard Feiden, dem Cousin von Jürgen Feiden. Er zaubert kulinarische Köstlichkeiten, die es sonst nirgendwo gibt, „Rumfort" (steht in der Küche nur rum, muss fort) beispielsweise. Seine mit Leberwurst gefüllten Klöße sind ein Traum. Die Winzerschänke befindet sich in einem urigen Fachwerkhaus, das bogenförmig über die Straße gebaut ist.

Peter Göbel und seine Eltern Alois und Gertrud bieten mir auf ihrem Weingut Kost und Logis. „Beide Familien haben schon immer Weinbau betrieben", erzählt der 41-jährige Peter. „Schon immer" heißt, dass sich die Spuren 500 bis 600 Jahre zurückverfolgen lassen. Peters drei Geschwister setzten diese Tradition jedoch nicht fort. Sie gingen alle ihren eigenen Weg: Schwester Gabriele betreibt mit ihrer Familie die Pension „Springiersbacher Hof" mit Weincafé in Ediger, Bruder Gerhard wurde Schreiner, und die jüngste Schwester Elisabeth steht bei der Bundespolizei ihre Frau. In Peter setzten die Eltern die Hoffnung, dass er das Familiengut übernehmen würde. Als er 16 Jahre alt ist, beginnt er eine Lehre zum Winzer. War er schon damals überzeugt, die richtige Wahl getroffen zu haben? „Ich glaube, das kann kein 16-Jähriger mit Gewissheit sagen", antwortet Peter. Das erste Lehrjahr absolviert er bei seinem Winzer-Vater Alois, die zwei weiteren Ausbildungsjahre auf einem Versuchsweingut in Bullay, das es heute nicht mehr gibt. Seine Entscheidung reift heran wie ein guter Wein. Mit 18, 19 Jahren wird ihm dann bewusst, „welche Möglichkeiten ich als Winzer habe, was man aus Trauben alles machen kann. Das hat mich begeistert."

Konsequent geht Peter Göbel seinen Weg, absolviert zwei Wintersemester zum Staatlich geprüften Wirtschafter und macht anschließend seinen Meister. Er ist einer von derzeit noch rund fünfundzwanzig Winzern in Ediger-Eller. Es werden immer weniger. „Bis Ende der 80er Jahre gab es an der Mosel drei Weinbauschulen, heute ist es nur noch eine einzige für vier Regionen – die Mosel, Ahr, Nahe und den Mittelrhein."

Der Winzer bewirtschaftet 2,5 Hektar Fläche in zwölf Weinbergen. Darunter ist auch der Valwiger Herrenberg, der ähnlich steil ist wie der berühmte Calmont. Die Region steht für den Anbau des Rieslings. Diese Rebsorte „ist an der Mosel unverwechselbar". Sie stelle den höchsten Anspruch an die Lage und den Winzer, für den der Riesling seit Generationen eine Herausforderung sei, schwärmt Peter Göbel. Die unterschiedliche Lage der Weinberge wirke sich auf den Riesling ganz besonders aus. Der Riesling ist im Vergleich zu anderen Weißweinreben „am filigransten", sagt Peter, „er hat die meisten verschiedenen Geschmacksrichtungen", die von grünem Obst bis zum Rosinengeschmack reichten. Und: „Keine andere Weißweinsorte ist so haltbar wir der Riesling, das ist das Tolle daran." Andere Sorten wie Spätburgunder, Weißburgunder, Grauburgunder, Dornfelder, Müller-Thurgau und Kerner, die auch in Peters Weinbergen wachsen, werden erst seit gut vierzig Jahren an der Mosel angebaut.

An der Mosel prägen die Jahreszeiten, die Urlaubssaison und die Arbeitsabläufe im Weinberg das Leben. Schon im Januar werden die Reben geschnitten und gebunden. Im April wird die zu Wein gezauberte Ernte des Vorjahres in Flaschen abgefüllt. Wenn im Mai die Wachstumsphase beginnt, werden Pflanzenschutzmittel gegen Pilzkrankheiten eingesetzt, ähnlich wie bei Rosen, und der Boden wird gelockert. Im Juni steht das Heften an, die Laubarbeit an den Rebstöcken – genau in der Zeit meines Besuches während der Radtour. Mit Peter fahre ich am Samstag in einen Weinberg. Um diese Zeit müssen die Weinstöcke geheftet, die Ranken nach oben geschlungen werden, damit die Reben bis zum Herbst gut Sonne und Licht tanken können. Da muss man sich auch um Schlampen kümmern. Wie bitte? „Dat öss ön Schlamp", erklärt der Winzer in moselfränkischem Dialekt. So wird der letzte junge Trieb an der Rebe genannt. Es ist ein nutzloser Trieb, also wird er abgeschnitten. Wem „Schlamp" zu unfein ist, der kann auch „Hangoosch" sagen, hängender Arsch.

Von Mitte August bis Mitte September reifen die Trauben, in dieser Zeit werden in den Winzer-Orten Weinfeste gefeiert, oder man fährt schnell mal für ein paar Tage in den Urlaub. In Ediger ist beispielsweise am zweiten Augustwochenende „Stuhlgang". Da sind Einheimische und Gäste mit einer Sitzgelegenheit unterm Arm im Dorf unterwegs und machen von Nachbar zu Nachbar Halt, um gemeinsam Wein und Häppchen zu genießen. Dazu gibt's Live-Musik von einer Band, die auf einem Anhänger spielt, den ein Traktor durchs Dorf fährt.

Von Ende September bis mitunter in den November ist dann Zeit für das, worauf die Winzerfamilien das ganze Jahr über hingearbeitet haben: die Lese. Im Weinberg schneiden Erntehelfer und Familienangehörige die Reben mit Scheren ab und sammeln sie in Eimern. Sind diese voll, werden sie in große Kisten geschüttet, die in einem Wagen gestapelt werden. Sind alle Kisten gefüllt, wird die Ernte nach oben auf den Wirtschaftsweg geschoben. Durch Schleppseil mit dem oben stehenden Traktor verbunden, zieht eine Winde die Fuhre hoch. In Steillagen erleichtert auch eine Zahnradbahn (Monorakbahn) die Arbeit. Gibt's diese nicht, müssen sich starke Helfer die vollen Hotten, wie die Kiepen heißen, wie einen Rucksack auf die Schultern hieven und nach unten tragen. Das ist Schwerstarbeit, denn eine mit Trauben gefüllte Hotte wiegt bis zu 40 Kilogramm.

Ist der Anhänger schließlich voll, tuckert der Traktor zurück aufs Weingut. Hier wird dann die Weißweintrauben-Maische gekeltert – in einer riesigen Presse, die die Maische zusammendrückt und auspresst. Der frische Most scheint direkt aus dem Schlaraffenland zu fließen. Frischer habe ich

Obst noch nie gerochen und geschmeckt. Der Most fließt heraus und wird durch einen Schlauch in Tanks geleitet. Während der Kelter wiederholt sich bei jeder Fuhre ein magischer Moment: Peter nimmt eine Probe und misst mit einem so genannten Refraktometer den Oechslegrad. Das Instrument, das aussieht wie ein Stück vom Fernrohr, misst das Mostgewicht. Es ist das Maß für den Anteil des Zuckers im Most, der ja später im Gärprozess zu Alkohol umgewandelt wird. Je mehr Oechsle, desto höher der Zuckergehalt.

Nach der Ernte und den ganzen Winter über setzt der Winzer seine ganze Kunst zur Weinbereitung ein. Seinen Beruf bezeichnet er durchaus als Handwerk. „Man stellt jedes Jahr etwas Neues her", so Peter Göbel. Bei ihm sind es um die 15 Produkte. Das Geheimnis seines Berufes ist nach eigener Aussage „Leidenschaft. Es gibt Fachidioten, die alles nach Vorschrift machen, aber nichts hinkriegen." Und er fügt hinzu: „Mich begeistern Quereinsteiger, die über Umwege Winzer wurden oder sich erst nach Jahren in einem anderen Beruf auf ihre Wurzeln besinnen."

Von Ende November bis Ende Dezember ist die Zeit der Auslieferung. Da setzt sich Peter in seinen voll beladenen Kleinbus und klappert in der ganzen Bundesrepublik die Kundschaft ab. Auf Wunsch gibt's eine Weinprobe dazu. Diese sollte man unbedingt einmal erlebt haben. Nicht nur, weil Peter leckeren Wein macht. Er bringt einem auch mit schlichten schönen Worten und Geschichten Riesling und Co. nahe. Das klingt und schmeckt alles pur, weil er eben zu dem steht, was er macht. Pathetisch-wichtigtuerische so genannte Weinkenner-Erklärungen hat er nicht nötig. Und es ist völlig in Ordnung, wenn jemand sagt: „Ich habe keine Ahnung von Wein, aber ich will einfach mal probieren."

Ist ein Jahr gut verlaufen, kann Peter Göbel bis zu 30.000 Flaschen Wein abfüllen. Aber es kann auch anders kommen:

1984 wurde „der fast schlechteste Jahrgang des Jahrhunderts" geerntet, erinnert sich Peter, der damals im zweiten Lehrjahr war. Der Ertrag betrug nur ein Drittel der sonst üblichen Ernte, das Mostgewicht lag unter 60 Oechsle. Der messbare Zucker war gering, die Säuerung hoch. Doch auch dieser Tatsache konnte der angehende Winzer, der im 84er Jahr den Prozess „von den Trauben bis zum Trinken" voll begleitete, etwas abgewinnen. „Wir konnten zeigen, dass Qualität nicht nur über den Zuckergehalt zu erreichen ist, sondern auch über den Geschmack, und dass man mit handwerklicher Kunst das Beste erreichen kann."

Die durch eine geringere Ernte erzeugte Durststrecke ließ sich aber überwinden, weil man ja etwas vom Jahr zuvor im Keller hatte. Grund zum Frohlocken gab's dagegen in den Jahren 2002 und 2003, da erreichten die Erntemengen Rekordwerte.

Als wir am Samstag mit dem Heften im Weinberg fertig sind, fahren wir bis nach Bernkastel-Kues zu einem Winzer-Kollegen. Peter gibt mir unterwegs eine schöne Moselland-Führung, und ich sehe zum ersten Mal, wie ein Hubschrauber die Berge mit Insektenschutzmittel spritzt. Von unten sieht das aus, als würde der Helikopter jeden Moment am Weinberg zerschellen. Aber er tänzelt wie eine Riesen-Hornisse an den Hängen entlang und verschwindet plötzlich dahinter.

Am Sonntag heißt es wieder einmal Abschied nehmen, mittags geht ein schönes Wochenende an der Mosel zu Ende. Peter fährt mich und mein Rad im Kleinbus zurück nach Koblenz. Hier beginnt einer der schönsten Streckenabschnitte am Mittelrhein, dem UNESCO-Kulturerbe entlang – und am Ende des Tages erwartet mich die schlimmste Nacht auf meiner Tour.

Kapitel 4

Eine Nacht im Regen

Koblenz, Rhens, Boppard, St. Goar, Oberwesel, Bacharach – die Fahrt durch das UNESCO-Welterbe Oberes Mittelrheintal ist märchenhaft schön. Dazu lacht die Sonne. Dass der Weg meist direkt an der Bundesstraße 9 entlang führt, schmälert das Vergnügen nicht. Der Rhein wird an beiden Ufern von hohen, bizarren Felsen eingerahmt, aus den Bergen lugen verwunschene, romantische Burgen hervor. Hier hätten Szenen für den ersten Teil von „Der Herr der Ringe" gedreht werden können. Und da ragt er plötzlich vor mir auf: der 193 Meter hohe Loreley-Felsen. Der Fluss ist hier, bei St. Goarshausen, rund 25 Meter tief und nur 113 Meter breit.

Nun ist das Ziel des heutigen Tages nicht mehr weit. Ich will in Bingen übernachten, und zwar erstmals unter freiem Himmel. Der lauschige, warme Sommerabend verleitet mich dazu. Ich radle das gut befahrbare Rheinufer ab und werde schnell fündig: eine von dichtem, hohem Strauchwerk umstellte Baumgruppe bietet mir Unterschlupf. Auf der anderen Rheinseite schaue ich direkt auf den Binger Mäuseturm, der im 14. Jahrhundert als Zollturm erbaut wurde. Nach einem Abendessen am Rheinufer, das aus trockenem Brötchen und Müsliriegel besteht, richte ich mich ein in der grünen Höhle, rolle meine blaue Isomatte aus und mich in den Schlafsack ein. Ich lese noch ein paar Seiten, ein einziger Mary Higgins Clark-Krimi durfte mit ins Gepäck, dann gucke ich zu, wie es allmählich dunkel wird.

Immer, wenn ich anderen Menschen nach der Reise von diesem Abend erzählte, fragten mich – meistens Frauen – ganz ungläubig: „Hattest du gar keine Angst?" Nein, hatte ich nicht. Jedenfalls nicht zu diesem Zeitpunkt. Kein Kopfkino, bei dem die Phantasie mit einem durchgeht, keine Erinnerung an Krimis, in denen es vor sadistischen Serienmördern nur so wimmelt. Nix. Im Gegenteil: Es erschien mir geradezu unnatürlich, diesen schönen Abend nicht zum Übernachten im Freien zu nutzen.

Bevor ich einschlafe, lege ich dennoch vorsorglich meine kleine Taschenlampe in Reichweite. Irgendwann, es ist inzwischen stockdunkel, werde ich von einem verdächtigen Geräusch wach. Ich hoffe, dass ich nur träume, aber es ist wahr. Und nass. Der Sommerabend hat sich davon gemacht, es regnet: erst nur tropfenweise, dann immer stärker. Ich habe zwei große graue Plastikmüllsäcke für den Notfall im Gepäck. Die reiße ich an den Nähten auf, um mehr Fläche zu bekommen, und decke mich samt Gepäck mit der Plane und meinem Regenmantel völlig ab. Zusammengekrümmt wie ein Fötus liege ich am Boden, presse mich an die Erde, will nicht wahrhaben, dass sich da ein starker Dauerregen entwickelt. Ich rede mir ein, dass es gleich wieder aufhört und alles gut wird. Und trocken.

Kurz nach Mitternacht, als die Planen das Wasser nicht mehr abhalten und sich viele Schnecken anschleimen, gebe ich auf. Ich werfe alles wahllos in die Tragetaschen, schnüre das Gepäck fest und fahre etwa zehn Kilometer zurück. Ich bin mir nicht sicher, der Ort hieß wohl Rheindiebach. Ich hatte dort direkt am Flussufer eine Pause und Katzenwäsche im Rhein gemacht und erinnerte mich, dass auf der angrenzenden Wiese ein offener, überdachter Pavillon mit Grill und zwei Bänken steht.

Tagsüber fand ich es schön, auf dem Radweg direkt neben dem Rhein zu fahren. In der Nacht, bei strömendem Regen und starkem Wind, habe ich einfach nur Schiss, dass ich wegrutsche und in den Fluss plumpse. Niemand erfährt dann, was mit mir geschehen ist. Hilfe! Der Rhein ist nachts unheimlich wie ein dunkler, tiefer, gurgelnder Schlund, der einen zu verschlingen droht. Vor lauter Vorfreude auf ihr nächstes Opfer scheint sich die Loreley schon die Hände zu reiben. Aber die Nixe hatte es ja auf Seebären abgesehen. Der Sage nach saß die wunderschöne Frau auf dem berühmten Schieferfelsen, kämmte ihr langes blondes Haar und lockte mit ihrem betörenden Gesang die vorbeifahrenden Kapitäne an. Die ließen sich nur zu gerne den Kopf verdrehen, so dass sie nicht mehr auf die starke Strömung und Felsenriffe achteten und ihre Schiffe zerschellten.

Ich fahre wie der Teufel weiter, finde den Unterstand tatsächlich wieder. Meine Freude hält nur einen Moment an. Auf einer der zwei Bänke, die dort stehen, sitzen zwei mit dunklen Stimmen Russisch sprechende Männer. Zu diesem Zeitpunkt liegen meine Nerven blank, ich denke an Mafia, Überfall, einfach nur an böse, böse Männer. Die sitzen derweil weiter friedlich auf der Bank, prosten sich zu, ich glaube mit Bier. Sie nehmen meine Ankunft gelassen zur Kenntnis, als wäre es das Selbstverständlichste der Welt, dass nachts hier Radler absteigen.

Ich schwanke: Bleibe ich hier oder nicht? Der nicht nachlassende Regen lässt mich verharren. Inzwischen ist es etwa 2.30 Uhr. Für den kurzen Rest der Nacht wickle ich mich frierend in meinen klammen Schlafsack und lege mich auf die andere Bank. Bloß nicht einschlafen, denke ich, um mitzubekommen, was die Männer machen. Die unterhalten sich immer noch, nach etwa einer Stunde, die mir vorkommt wie die Ewigkeit, stehen sie auf und gehen. Als ich wieder vernünftig denken kann, bin ich mir sicher: Das waren friedliche Angler.

Als die Isomatte irgendwann wieder trocken ist, wechsle ich auf selbige auf den Boden, das ist bequemer. Ich schlafe vor Erschöpfung ein. Kurz nach 8 Uhr am Morgen komme ich nur schwer auf die Beine, und eine Frau, die vorbeigeht, fragt verblüfft, ob ich hier geschlafen hätte. Ich bestätige das – selbst ein wenig erstaunt. Meine letzte Nacht im Freien bleibt das aber nicht.

Kapitel 5

Großzügige arme Dienstmägde

Auf eines ist Verlass: Jede Nacht, auch die vergangene, wird von einem Tag abgelöst. Da sieht der Rhein doch gleich wieder so aus, wie ich ihn mag: stark, breit, mächtig, imposant. Aber auch der heutige Tag wird mir einiges abfordern.

In Bingen überquere ich auf einer Fähre den Fluss, um in den berühmten Ort Rüdesheim zu gelangen. Heute beginnt „mein" süddeutscher Sommer, der in den nächsten Wochen nur noch selten ins Wasser fällt. Wochen später werde ich erfahren, wie lausig kalt und feucht es während meiner Abenteuertour im Ruhrgebiet war. Ich bin nachträglich sehr froh, dass mich das Wetter nicht vom Weg abbrachte. Im Gegenteil.

Ankunft in Rüdesheim. Ich halte mich gar nicht lange unten im Ort auf, sondern mache mich auf nach Eibingen, wo hoch am Ende der Weinberge die imposante Benediktinerinnenabtei St. Hildegard thront. Hier wurde schon zu Lebzeiten Hildegard von Bingens (1098–1179), der berühmten Gründeräbtissin des Klosters, Wein angebaut. Ich weiß ja, dass es derzeit Arbeit im Weinberg gibt und hoffe, gegen Kost und Logis aufgenommen zu werden. Auch einen Aufenthalt im Kloster, wo ich in den Alltag einbezogen werde, könnte ich mir vorstellen.

Der Weg nach St. Hildegard ist steil und beschwerlich, ich schiebe fast nur in sengender Hitze. Der Aufstieg hat sich gelohnt, von oben hat man einen herrlichen weiten Blick ins Land, auf sattgrüne Weinreben und einen Griechenlandblauen Himmel, den kein Wölkchen trübt. Die Nonnen bauen auf einer Fläche von 6,5 Hektar Wein an, zu über 80 Prozent Riesling, der Rest ist Burgunder, schmökere ich irgendwann später im Internet. Die Weinberge tragen hier Namen wie Kirchenpfad, Drachenstein und Magdalenenkreuz.

Ich parke mein Rad vor der Treppe zum Kloster, mit einem eisernen Klopfer mache ich auf mich aufmerksam. Vor diesem riesigen Anwesen und dieser hohen Tür komme ich mir trotz meiner 1,80 Meter Größe plötzlich ziemlich klein vor – denke ich noch, als auch schon eine Nonne die Tür öffnet. Ich bringe mein Anliegen vor, und noch während ich spreche, ahne ich, dass mir die Schwester eine Absage erteilen wird. Klar, sie ist höflich, aber auch sehr ernst und bestimmt. So kurzfristig und nur für einen Tag sei es nicht möglich, in St. Hildegard zu bleiben. Diskutieren würde nichts bringen, ich verabschiede mich, drehe mich um, gehe noch in den Klosterladen, wo Bücher, Kerzen und vieles andere verkauft werden. Ich gebe es zu, ich bin nicht ohne Grund hier, sondern weil ich hoffe, eine Steckdose zu finden. Der Akku meines Handys ist fast leer, ich traue mich nicht, ohne intakten „Notruf" loszufahren. Ich werde fündig, kann Ladegerät und Handy in einem unbeobachteten Moment unauffällig anschließen – und bleibe noch ein halbes Stündchen auf dem Klostergelände… Verehrte Ordensfrauen, ich hoffe, Sie verzeihen mir den Stromklau.

Ich sause zurück nach Rüdesheim. Auf dem Weg dahin frage ich noch auf dem Bischöflichen Weingut und bei einem weiteren Winzer nach einem Job. Fehlanzeige. Ich glaube, ich habe den Dreh noch nicht raus, mich erfolgreich zu verdingen.

Auf dem Weg aus der Stadt will ich in einem Backshop neben einem Supermarkt meine fast leere Wasserflasche auffüllen. Ich bitte die Verkäuferin höflich darum. Sie fragt nur: „Warum?" Ich antworte völlig perplex mit einer Gegenfrage: „Warum nicht?" Sie dürfe das nicht, bei so was hätte ihr Chef das Sagen, will sie von sich ablenken. Und, jetzt kommt's: Sie ginge ja auch nicht in den Supermarkt, um eine leere gegen eine volle Flasche umsonst zu tauschen. Und dann füllt sie doch noch die Flasche.

Nach der Nachtfahrt im Regen und den Absagen in Rüdesheim bin ich etwas dünnhäutig. Ich suche geschützte Ruhe. Die Broschüre *Atem holen* über Angebote der Frauen- und Männerorden in Deutschland, die ich mir vor meiner Tour per Post bestellte, muss jetzt her. Ich rufe zwei Orden in der Gegend an, ich weiß nicht mehr, welche das waren, jedenfalls vermitteln sehr freundliche Frauen mir den Weg ins Bildungshaus Kloster Tiefenthal in Eltville-Martinsthal. Wiesbaden und Mainz sind nicht mehr weit weg. Nach einer kurzen Tagesetappe über nur 49 Kilometer, die mir aber doppelt so lang vorkommt, komme ich am Nachmittag im Kloster Tiefenthal an. Schwester Iniga Hillermann, die Leiterin des Bildungshauses und Mitglied des Konvents, empfängt mich. Im Sommer 2007 leben hier 14 Schwestern, die meisten sind zwischen 70 und 80 Jahre alt. Hinzu kommen vier Postulantinnen und Novizinnen, angehende Nonnen. Die Gastfreundschaft und Herzlichkeit der Frauen vom Orden der Armen Dienstmägde Jesu Christi ist Balsam für die Radler-Seele. Schwester Iniga gibt mir Preisnachlass für die Übernachtung mit Frühstück. Das Abendessen schenken mir die Schwestern, ebenso ein Proviantpaket am nächsten Morgen.

Das Kloster Tiefenthal mit märchenhaftem Garten hinter dem Anwesen ist ein Ort zur Einkehr und Besinnung. Und für mich zum Krafttanken. In den Ursprüngen des Konvents ging es der Gründerin darum, den niedrigsten Weg zu gehen und um die bedingungslose Bereitschaft des Dienens, erzählt mir Schwester Iniga.

Die Wurzeln des Klosters reichen bis zu den Zisterzienserinnen ins 13. Jahrhundert zurück. Vor allem die jüngere Geschichte ist sehr bewegt: Als der Staat im Rahmen der Säkularisation 1803 alle Klöster und Abteien in Deutschland enteignete, wurde Tiefenthal zunächst zum Sitz einer Knochen- und Lumpenmühle, später waren hier eine Papierfabrik, ein Tanzlokal und ein Kelterhaus. Die jeweiligen Besitzer sollen glücklos beim Geschäftemachen gewesen sein. In einer Legende heißt es, dass die letzte Äbtissin bei der Vertreibung aus dem Kloster noch schnell einen Fluch aussprach...

Mit der Ankunft der Armen Dienstmägde um 1900, bekam das Klosterleben wieder Aufwind. Bis zur Nazizeit. 1943 zog die SS ein und errichtete eine Spionage-Abteilung mit Funkstation. Anfang 1945 bombardierten die Amerikaner das Kloster. Als die Armen Dienstmägde rund eineinhalb Jahre später zurückkamen, fanden sie eine ausgebrannte Ruine vor, die sie jedoch allmählich mit eigenen Händen und vielen Helfern wieder in ein Kloster verwandelten. Heute existieren Kloster und Bildungshaus, in dem zum Beispiel Exerzitienkurse und Besinnungswochenenden auf dem Programm stehen, nah beieinander.

Die freundliche Schwester Iniga ist mit Mitte sechzig die jüngste Nonne im Kloster Tiefenthal. Sie ist ganz zivil gekleidet, denn den Frauen sei es freigestellt, die Tracht zu tragen, erklärt sie. Schwester Iniga, seit 1965 in der Gemeinschaft, trägt eine spezielle Kette als Zeichen der Verbundenheit.

Ich genieße an diesem Abend den Luxus einer Dusche, einer reichlichen Abendmahlzeit, eines Spaziergangs durch den Garten, eines frisch bezogenen Bettes. In das falle ich wie ein Stein. Und am nächsten Morgen hat mein Wankelmut wieder einen mächtigen Dämpfer einstecken müssen. Ausgeruht und ausgeschlafen schwinge ich mich nach dem Abschied von den warmherzigen, gastfreundlichen Schwestern auf mein Rad, das übrigens „Hercules" heißt. Was soll mir da schon passieren...

Kapitel 6

Das Paradies liegt in Hessen

Am siebten Tag führt die Route durch das Naturschutzgebiet Niederwalluser Bucht, in dem mich ein Konzert aus Vogelgezwitscher begleitet. Hier brüten Nachtigall und Grünspecht, und ein paar Kilometer weiter, in Schierstein, stehen etliche Störche auf sattgrünen Wiesen und lassen sich von staunenden Passanten kein bisschen aus der Ruhe bringen. Eine Weißstorchkolonie lebt hier schon seit Jahren. Gegen 11 Uhr erreiche ich Mainz, ich mache Rast und lasse mir die belegten Brötchen schmecken, die mir die Schwestern vom Kloster Tiefenthal mitgegeben haben.

Rechtsrheinisch geht es weiter, vorbei an Ginsheim-Gustavsburg, durch die hessischen Rheinauen nach Erfelden. In der Nachmittagshitze schiebe ich mein Rad eine Brücke hoch. Keuchend stehe ich oben, als hinter mir ein Mann angeradelt kommt. „Holland?", fragt er. „Nein, Ruhrgebiet." Ihn interessiert, woher ich komme und wohin ich will. Meine Art zu reisen gefällt ihm, er will sie mit fünf Euro honorieren. Weil ich ihm auf 50 Euro nicht herausgeben kann, lädt er mich in die Vogeltränke ein, ein nahe gelegenes Lokal des Vereins der Vogelfreunde. Ich habe keinen Piep gebettelt.

Hans Linzing heißt der freundliche, hilfsbereite Mann, er wohnt in Stockstadt, lebt in Altersteilzeit und macht öfter Radausflüge in die Umgebung. An der Vogeltränke genieße ich eiskaltes Radler, wir plaudern und plötzlich sagt Hans: „Mensch, ich weiß, wo du übernachten könntest. Ich bringe dich hin…" Wir fahren nicht lange durch sattgrüne Wälder, bis wir bei den Naturfreunden am Altrhein bei Stockstadt ankommen, mitten in Hessens größtem Naturschutzgebiet Kühkopf-Knoblochsaue. Auf dem Anwesen haben Detlef Wohlert und seine Frau Rosemarie das Sagen. Bedächtig und ohne eine Miene zu verziehen, hört sich der frühere Vereinsvorsitzende und heutige Hausmeister an, was Hans Linzing über mich erzählt. Und dann schlägt Hans vor, dass das Mädel doch in dem großen weißen Zelt schlafen könnte, das auf der Wiese steht. Erst am Wochenende wird hier eine Oldie-Nacht mit Musik vom Band gefeiert. Detlef Wohlert, Ende fünfzig, guckt, überlegt einen Moment und sagt: „Ja." Ich darf auch die Dusche im Haus nutzen.

Kein Fünf-Sterne-Hotel hält mit diesem Schlafplatz mit. Die Zeitschrift *Auto, Motor, Sport* hat das Naturfreunde-Bootshaus zu einem der schönsten Naturcampingplätze Deutschlands gekürt. Zu Recht. Idyllisch am Altrhein gelegen, bietet die Auenlandschaft Natur pur: Hier wachsen Walnussbäume, abends geben Kröten am Bootssteg Konzerte, und Tierfilme laufen live, mit Nutria, Nachtigall, Eisvogel, Kormoran und Rotem Milan.

1932 wurde das Naturfreunde-Haus am Altrhein eingeweiht. Im Sommer 2007 leben die Wohlerts fünf Jahre hier. Sie hatten auf das Zeitungsinserat geantwortet, in dem ein Hausmeister gesucht wurde. Das Paar kümmert sich ehrenamtlich um das Bettenhaus, die Küche für Selbstversorger und sanitäre Einrichtungen sowie den kleinen Zeltplatz. Dafür wohnen sie mit der Vereinskatze Patscher und dem Jagdterrier Bazi mietfrei in der Wohnung auf dem Gelände. Früher war Detlef Wohlert stellvertretender Leiter des Umweltamtes und Gartenbau-Abteilungsleiter in Funkstadt. Wegen „der Pumpe", die nicht mehr so wollte wie er, wurde er Frührentner. „Jetzt habe ich 'ne andere Form von Stress", sagt der langjährige Kaninchenzüchter trocken. Morgens um 6 Uhr beginnt sein Tag, der oft erst um 22 Uhr endet. Die Saison dauert vom 1. April bis zum 31. Oktober, im Herbst und Frühjahr müssen das Anwesen in Schuss gehalten und Reparaturen ausgeführt werden. Und nicht zuletzt wollen die

Interessen und Belange der rund 50 Naturfreunde-Vereins-mitglieder am Bootshaus unter einen Hut gebracht werden. „Seit wir hier wohnen, waren wir noch nicht ein Mal im Urlaub", stellt Detlef Wohlert ziemlich unaufgeregt fest. Denn die Natur, dieses irdische Fleckchen Paradies, in dem er lebt, entschädigt. Und die Begegnung mit den Menschen. Ein Vogelkundler aus Indien war schon zu Besuch, Naturfreunde aus Nepal, Mexiko und der ganzen Welt.

Nachdem mich der inzwischen weggeradelte Hans Linzing mit Mineralwasser versorgt hat und mir die Wohlerts noch eine leckere Eisschokolade spendieren, geht für mich ein wunderschöner Tag in ganz urwüchsiger Natur zu Ende. Es ist der erste auf meiner Tour, an dem ich keinen Cent ausgegeben habe. Am nächsten Morgen weckt mich Vogelzwitschern. Ich verabschiede mich von einem der schönsten Orte auf meiner Tour und von den Wohlerts, die mich ohne viel Tamtam und wie selbstverständlich aufnahmen.

Ich nehme mir Zeit mit dem Abschiednehmen von dieser schönen Gegend. In Biebesheim halte ich vor einer Bäckerei. Der Satz „Ich fahre mit großem Gepäck und kleiner Reise-kasse" erweist sich auch hier als gute Einleitung für die Bitte um ein Frühstück. Anstandslos und lächelnd reicht mir die Verkäuferin einen Pott Kaffee und zwei belegte Brötchen, obwohl ich nur zwei trockene wollte. Danke!

Derart in Herz und Magen gestärkt, mache ich noch einen Abstecher in den Vogelpark Biebesheim, der Eintritt ist frei. Hier kann man wunderbar nistende Störche beobachten sowie Emus, Kraniche und viele andere flatterhafte Wesen.

An diesem Tag führt kein Weg am Atomkraftwerk Biblis vorbei. Gerade biege ich auf dem schönen Radweg mitten im Grünen um die Ecke, da steht plötzlich dieser Koloss am Rhein. Dazu ruft ein Kuckuck im Wald – eine gespenstische Atmosphäre. Schnell weiter auf einer ansonsten „irre schönen

Strecke", wie ich es später in meinem Reisetagebuch schreibe. Mit Kornblumen und Mohn am Feldrand sowie Schmetterlingsschwärmen in der Luft.

Gegen 13 Uhr komme ich in Worms an, wo ich auch bleiben will. Bis etwa 17 Uhr suche ich vergeblich eine Bleibe. Viele Passanten reagieren komischerweise muffelig und abweisend auf meine ortsunkundigen Fragen. Hier fällt mir zum ersten Mal auf, wie viele Menschen auf ihren Wegen zugestöpselt sind mit Kopfhörern. Spricht man sie an, fallen sie vor Schreck aus allen Wolken. Und in Worms bekomme ich auf meine Fragen oft zu hören: „Weiß ich nicht" oder „Ich bin nicht von hier".

Aber es geht auch anders. Im Kunsthaus Worms, wohin ich einen Abstecher mache, gibt mir Uli Spiro ein paar Übernachtungstipps und dazu ein paar leckere Kekse. Die Künstlerin betreibt eine Textilwerkstatt, in der sie unter anderem die alte handwerkliche Technik des Filzens vermittelt, sowie Näh-, Patchwork- und andere Kurse anbietet. Leider klappere ich die Adressen erfolglos ab und lande schließlich in der Jugendherberge. Dessen Chef bietet mir für 18 Euro eine Übernachtung an, einen Job oder eine Bleibe für weniger Geld darf er mir nach eigenem Bekunden nicht geben. Ich radle weiter zu den Wormser Naturfreunden. Hier kostet eine Übernachtung 15 Euro. Derzeit zu teuer, sage ich, ich muss meine Reisekasse schonen. Da rät mir ein Naturfreund, es doch mal auf dem Campingplatz am Floßhafen zu versuchen. Hier angekommen, radle ich suchend und die Gegend erkundend herum. Das bleibt einem Dauercamper nicht verborgen. Der ältere Herr, braun gebrannt wie nach einem Karibikurlaub, schickt mich in die Nachbarschaft zum Wormser Wassersportverein. Susanne Schneider, Betreiberin des Vereinsrestaurants, erlaubt mir, auf dem Gelände zu übernachten. Und zwar in einem offenen Pavillon aus Holz. Eine kostenlose Dusche ist auch noch drin. Zum späten Feierabend laden mich die Wirtin und ihr Mann Jürgen zum „Schöppsche" ein. Und dann verschwindet Frau Schneider in der Küche, um mir kurz darauf ein dickes Lunch-Paket in die Hand zu drücken. Das ist reich gefüllt mit Obst und Gemüse, belegten Broten, Knackern, einem Ei, Schokoriegeln und Salzbrezeln. Ich komme mir vor wie im Schlaraffenland und lange in den folgenden Tagen richtig zu.

Als Glück erweist sich, dass der Pavillon überdacht ist. Denn am nächsten Morgen, gegen 6 Uhr, weckt mich Donnergrollen. Schnell packe ich alles zusammen, will abwarten, bis das heftige Sommergewitter vorbei ist. Und genau da spaziert der Dauercamper von gestern Abend mit Hund Timo, seinem „Camper-Kumpel", vorbei. Der Mann von Ende sechzig lädt mich prompt zum Kaffeetrinken in sein Campingreich ein. Der einstige Gabelstaplerfahrer wohnt von Frühjahr bis Herbst auf dem Platz, der sein zweites Zuhause ist.

Tschüss Worms. An diesem Tag werde ich es bis Speyer schaffen. Ich werde ein Wechselbad der Gefühle und Begegnungen erleben – von frustrierend bis wunderbar. Aber der Reihe nach.

Kapitel 7

Abweisende Nonnen und gastfreundliche Schwestern

74 Kilometer fahre ich von Worms nach Speyer. Ich weiß noch, dass ich in Ludwigshafen das riesige BASF-Gelände umfahren muss, ansonsten sind kaum Erinnerungen an die Tagestour geblieben. Auch das gibt's, wenn auch selten: sich beim Radeln einfach treiben lassen und ganz im eigenen Bewegungsrhythmus versinken. Das macht den Kopf völlig frei.

Die Erlebnisse in Speyer sind mir allerdings heute noch so präsent wie am 21. Juni 2007. In der Domstadt würde ich gerne in einer kirchlichen Einrichtung unterkommen, vielleicht in einem Kloster, und gegen Kost und Logis ehrenamtlich helfen. Ich stehe am Kreisverkehr vor dem Dom, blättere in meiner Broschüre *Atem holen*, in der Ordensgemeinschaften für Frauen und Männer aufgelistet sind, die Fremden ihre „Gastfreundschaft und Weggefährtschaft" anbieten, wie es im Vorwort des Heftes heißt. Es hat mich ja schon ins Kloster Tiefenthal in Eltville geführt.

Plötzlich sehe ich einen Mann auf mich zukommen, der irgendwie wirkt, als sei er in Kirchenfragen kompetent. Volltreffer! Vor mir steht Josef D. Szuba, der Personalchef der Diözese. Der freundliche Mann gibt mir Tipps, wo ich anfragen kann. Voller Zuversicht mache ich mich auf den Weg. Dieser führt mich zuerst zum Institut St. Dominikus. Hier im Hof laden gerade Dominikanerinnen Stiegen voll Erdbeeren aus Autos, und es dauert ein bisschen, bis eine Schwester gefunden ist, die für mein Anliegen ein Ohr hat. Da könne sie leider gar nichts machen, denn die für solche Dinge zuständigen Schwestern seien im Urlaub, lautet die sehr irdische Antwort. Die Schwestern sind so höflich und rufen im Orden der Karmelitinnen an, die aber ebenfalls ablehnen. Weiter geht's zum Bistumshaus, wo ich erklärt bekomme, dass das Matratzenlager nur für Gruppen reserviert sei, und zur Diakonissenanstalt, wo mich eine sehr nette Frau am Empfang zum Warten auf die Chefin einlädt. Als diese schließlich erscheint, winkt sie gehetzt ab. Das Haus sei voll, außerdem käme ich mit meinem Anliegen zu kurzfristig, das ginge auch arbeitsrechtlich nicht.

Den traurigen Höhepunkt bildet schließlich mein Besuch bei den „Unbeschuhten Karmelitinnen", zu denen ich mich trotz vorheriger telefonischer Absage noch persönlich aufmache. Die Karmelitinnen leben nach Regeln, die zu den strengsten überhaupt in katholischen Ordensgemeinschaften zählen. Zwar gibt es auch in Speyer prinzipiell Möglichkeiten zum Aufenthalt, die die Klausur nicht stören, doch alle Plätze seien belegt, sagt eine Schwester. Den ziemlich abweisenden Blick, mit dem diese Nonne die Pforte verbarrikadiert, werde ich nicht vergessen. Ich könnte jetzt die Priorin des Karmels Maria in der Not auf dem Kapitelberg in Essen anrufen und um ein gutes Wort für mich bitten. Meine Arbeit als Journalistin führte mich schon einige Male zu den dort lebenden Karmelitinnen. Das waren immer außergewöhnliche, herzliche und berührende Begegnungen. Aber ich nutze meinen möglicherweise beruflichen Vorteil nicht aus, jeder andere müsste ja jetzt auch unverrichteter Dinge abziehen.

Ich bin erstaunt, mit welch weltlichen und wirtschaftlich orientierten Argumenten mich die Kirchenfrauen geradezu abgewimmelt haben. Mir kam es so vor, als sei ich ihnen lästig und unbequem, als passe ich nicht in ihren prall gefüllten Terminkalender. Mancher Blick auf mich – schon ziemlich braun gebrannt und zerzaust – und meinen voll beladenen Drahtesel sprach Bände. Als würden sie sich mit ihrem Entgegenkommen automatisch ein Problem einhandeln, das sie nicht mehr loswerden. Dabei heißt es doch in der Regel des Heiligen Benedikt: „Alle Fremden, die kommen, sollen aufgenommen werden wie Christus; denn er wird sagen: ‚Ich war fremd, und ihr habt mich aufgenommen.'"

In mir grummelt Wut, als ich zurück ins Zentrum von Speyer fahre. Rein aus Bockigkeit halte ich in der Fußgängerzone vor einer Bäckerei, in der ich um zwei Brötchen bitte, die ich eigentlich gar nicht brauche. „Das darf ich nicht", lautet prompt die Antwort einer Verkäuferin. Ich will wohl nur meinen schlechten Eindruck von Speyer noch vertiefen. Aber zwei Menschen werden mir einen Strich durch diese dumme Rechnung machen.

Ich stehe inzwischen vor der wunderschönen barocken evangelischen Dreifaltigkeitskirche. Zwei Frauen kommen angeschlendert, sie wirken nett. Und schon platzt es aus mir heraus: Ich schimpfe wie ein Rohrspatz über die Domstadt Speyer. Die beiden bleiben ganz ruhig, gucken mich an, gucken sich gegenseitig an und sagen: „Das kann doch nicht sein." Im nächsten Moment bin ich eingeladen in den Biergarten der „Domhof Brauerei" ganz in der Nähe, wo schon Helmut Kohl staatsmännisch mit seinen Gästen Pfälzer Saumagen speiste. Die gastfreundlichen Frauen heißen Barbara Zürker und Edeltraud Breyer, die zum Schwesterntreffen verabredet sind. Wir bestellen eine Damenmaß – 0,3 Liter Bier –, und ich esse zum ersten Mal in meinem Leben gebratenen Saumagen. Lecker.

Die Schwestern wollen viel über meine Tour wissen, Traudl hat schließlich die Idee, den Braumeister nach einer Übernachtung und einem Job zu fragen. Auch hier Fehlanzeige. Langsam werde ich unruhig, denn es ist schon Abend, und ich weiß noch nicht, wo ich unterkomme. Ich verstoße zum ersten Mal gegen die einzige Regel, die ich mir ja auferlegt habe: Am späten Nachmittag, auf jeden Fall noch im Hellen, muss klar sein, wo ich übernachte.

Bärbel sagt schließlich: „Du kommst mit zu mir." Aus ihrem Mund klingt das herrlich selbstverständlich – und ich bin eine glückliche Abenteurerin. Bärbel zückt noch schnell das Handy und ruft ihren Mann an: „Jürgen, mach eine Flasche Rotwein auf. Wir bringen Besuch mit."

Barbara und Edeltraud fahren im Auto langsam vor mir in den kleinen Ort Dudenhofen bei Speyer. Auf dem letzten Wegstück walkt Barbara neben mir her. Dann lerne ich auch noch Jürgen kennen, und wir vier stoßen mit einem vollmundigen Rotwein aus der Pfalz an. Was für ein Tag! Bevor mir Barbara auf der Couch im Wohnzimmer ein Lager bereitet, gibt sie mir noch den Tipp, am nächsten Morgen bei Bauer Beck im Ort nach einem Job zu fragen. Und obwohl sie am nächsten Tag früh raus muss, frühstücken wir zusammen. Aber das sollte noch nicht der Abschied sein.

Kapitel 8

Sandbollen hinter dem Haus

Es ist 8.30 Uhr, als ich am nächsten Morgen mit Rad und Sack und Pack auf dem Martinshof der Familie Beck in Duden-hofen ankomme. Damit bin ich ein Spätaufsteher, was ich erst am nächsten Morgen verstehen werde. Ich frage mich zum Chef Theo Beck durch und erkläre ihm meine Art zu reisen und dass ich einen Job suche, um die Finanzen aufzubessern. Theo Beck zögert. Der Landwirt nimmt Augenmaß, guckt auf meine felduntauglichen Turnschuhe. Bevor er „Nein" sagen kann, bitte ich ihn flehend: „Versuchen Sie es mit mir!" Er tut's.

Bis zum Mittag muss ich Zucchini waschen, säubern und in Kartons einsortieren. Die Becks sind auf Anbau und Ernte von Spargel, Zucchini, Erdbeeren und Rhabarber speziali-siert, sie bewirtschaften insgesamt 110 Hektar Land, erfahre ich später. Doch jetzt versuche ich, mit den versierten Ernte-helfern aus Polen und Rumänien mitzuhalten, deren arg-wöhnische Blicke mich begleiten. Zwischendurch kommt die Chefin zur Begrüßung vorbei und sagt, ich solle mit dem Lappen nicht so sehr an den Zucchini herumrubbeln. Mist, hoffentlich vergeige ich es nicht. Als gelernte Betonbauerin und Hobby-Weinleserin ist mir körperliche Arbeit zwar nicht fremd. Aber ich bin anfangs schon ein bisschen nervös und hoffe inständig, den Test zu bestehen.

Denn ich fühle mich wohl auf dem Hof der Becks – nicht nur wegen der außergewöhnlichen Wanddekorationen in der großen Halle, in der das Gemüse gereinigt und verpackt wird. Hier hängen Bilder vom Palmenstrand und Sonnen-blumen. Und Sprüche. „Keine Machtstellung ist von Dauer" wird der römische Dichter Ovid zitiert. Oder „Wahrer Erfolg lässt Raum für Familie und Menschlichkeit" heißt es da und „Große Bäume geben Schatten für andere und stehen selbst in der Sonnenglut". All dies trägt die Handschrift von Traudel Beck, einer erfrischend offenen, herzlichen Frau, die, wie ihr Mann Theo, für klare Ansagen steht. „Chef: 22.30 Nachtruhe. Licht aus!", steht auf einer Schiefertafel im Flur zu den Unterkünften der Erntehelfer. „Ja, hier geht es zu wie beim Militär", sagt Frau Beck. „Aber dazu stehe ich, anders geht es nicht", wenn in der Hochsaison der Betrieb mit insgesamt bis zu 100 Erntehelfern reibungslos klappen soll.

Zur Mittagszeit gibt es im gemeinschaftlichen Speiseraum Nudelsuppe, dann Spätzle mit Fleisch und Soße. Alles ein kulinarisches Gedicht, gezaubert von Köchin Zenobia. Jeder kann essen, so viel er will. Die Becks meinen es mit ihrem Standpunkt ernst: „Wer gut arbeiten soll, muss auch gut versorgt werden." Als Chef und Chefin erwarten sie, dass die Spielregeln eingehalten werden. Der große Rest ist gelebte Herzlichkeit und Großzügigkeit.

Am Nachmittag geht es raus aufs Feld – in geborgten Gummistiefeln. In einer Reihe laufen wir dem tuckernden Traktor hinterher, schneiden Zucchini, legen das Gemüse in Körbe, die in die Erntemaschine eingesetzt werden. Die Riesenzucchini bleiben hängen, die nimmt der Handel nicht ab. Die stacheligen Ränder der Blätter, groß wie Rhabarberpflanzen, pieksen auf der Haut, das ungewohnte ständige Bücken bewirkt, dass ich mich bald wie eine 80-jährige, ach was, 90-jährige Greisin fühle. Abends, nach einer Dusche und leckerem Spargelsalat falle ich groggy ins Bett. Habe ich wirklich geschlafen? Um 5 Uhr klingelt am nächsten Morgen der Wecker, ich zähle zu den letzten beim Frühstück, dann geht's wieder raus aufs Feld, den ganzen Tag. Ich schaffe das.

2007 ist das Jahr, in dem viele Erntehelfer ihr Heil in England suchen. Das reißt auch bei den Becks Lücken ins Personal, die nicht von heute auf morgen zu schließen sind. Etwa dreißig Polen, darunter viel Stammpersonal, sind diesmal nicht im Einsatz. Theo Beck muss die Reihen auffüllen, drei noch nicht eingearbeitete Rumänen kommen auf zwei erfahrene Polen. Gut, „in England herrscht nicht so viel Bürokratie, die kommen und gehen, wann sie wollen." Aber Theo Beck sieht viel mehr Nachteile: „In England werden keine Sozialversicherungsabgaben gezahlt. Da gibt es zwar bis zu acht Euro pro Stunde, aber ein Helfer wird womöglich nur für zwei Stunden eingesetzt." Und: Die Kosten für Essen und Unterbringung seien sehr hoch, „ich habe gehört, dass die auch auf Pappe unter Bäumen schlafen", fügt er hinzu.

Zenobia und ihre Erntehelfer-Kollegen wissen die Bedingungen auf dem Martinshof zu schätzen. Seit sechs Jahren arbeitet die Frau von Anfang vierzig für je zwei Monate bei den Becks. In Polen, wo sie mit ihrem Mann und drei erwachsenen Kindern nahe der russischen Grenze lebt, arbeitet sie in einer Bäckerei. Zenobia ist Küchenfee, Verwalterin und Hauswirtschafterin in einer Person. Sie kocht wahnsinnig schnell und gut – für Gulasch mit Nudeln für 20 hungrige Mäuler braucht sie nur eine Stunde – sie schreibt die Arbeitsstunden aller Erntehelfer auf, wäscht, füllt die Regale im Hofladen auf... Ist das nicht Stress ohne Ende? „E bissel", wiegelt sie ab. Aber sie will daraus keine große Sache machen. Ein Wechsel nach England käme für die Frau, die sich das Kochen übrigens selbst beigebracht hat, nicht in Frage. „Ich will kochen, und das kann ich hier. Hier ist es gut." Findet auch Antonio. Seit gut 18 Jahren steht der Mann, Ende vierzig, ganzjährig in treuen Diensten der Becks. Dieser Tage erwartet er seine Zwillingstöchter aus Polen, sie helfen auf dem Hof. Wie auch seine Frau und sein Sohn. Ist Theo Beck ein guter Chef? „Er ist wie ein Papa."

Am Sonntag ist – sehr zur Freude meines Rückens – mittags Feierabend. Ich fahre zu Barbara Zürker, die mich beim Kaffeeklatsch mit einem Pfirsichauflauf verwöhnt.

Danach steigen wir bei strahlendem Sonnenschein ins Cabriolet, und Barbara zeigt mir die Pfalz. Ich sehe malerische Dörfer, Grillen zirpen am Wegesrand; Sonnenblumenfelder, Feigenbäume und duftender Oleander verbreiten südländisches Flair. Fachwerkhäuser sind liebevoll saniert, auch aus Sandstein, der in der angrenzenden Haardt abgebaut wird.

Dann heißt es Abschied nehmen. Die Schwestern Barbara und Edeltraud haben für immer einen Platz in meinen Erinnerungen. Und die Becks. Am Montagmorgen setzt sich Traudel Beck zu mir an den Frühstückstisch und zahlt mir 130 Euro nach zweieinhalb Tagen Ernteeinsatz aus. Ich bin stolz wie Oskar. Und dann erzählt sie die Geschichte ihrer Familie. Früher bewirtschaftete Theos Vater Ludwig Beck mit Familie einen Bauernhof im Dorf Dudenhofen. Theo und Traudel Beck, Anfang und Mitte sechzig, bauten von 1976 bis 1979 eine Aussiedlung am Rande des Dorfes, die sie 1979 bezogen. Der Hof bietet drei weiteren Familien ein Zuhause. Das Ehepaar Beck lebt hier mit seinen Töchtern Bärbel und Katrin – es wären eigentlich drei. Im Jahr 1985 kam Tochter Lissy, damals 14 Jahre alt, bei einem Reitunfall ums Leben. Die Becks kamen nichtsahnend aus dem Urlaub, als im ganzen Haus Licht brannte, und Traudel Beck dachte, es sei etwas mit dem Vater passiert. Als sie hörte, dass Lissy tot war, brach alles über ihr zusammen. „Es war, als ob mir von oben durch den ganzen Körper ein Pfahl gerammt wird", erinnert sie sich. „Nur mit viel Arbeit und Kraft konnten mein Mann und ich bis heute das Leben meistern." Die Arbeit, die gemeinsamen Ziele, die Familie, Kinder und Enkel sind der Antrieb weiterzumachen, nicht aufzugeben. Traudel Beck hat noch etwas geprägt: ihre geradezu übermenschlich anmutende Hoffnung auf neues Leben nach Lillys Tod. Die Mutter bringt Katrin, die jüngste Tochter, auf die Welt.

Traudel Beck erinnert sich, wie es früher immer war, während der Hof um- und ausgebaut wurde oder wenn ihr Mann nach vollbrachtem Tagwerk seine Stiefel auszog: überall Sand, immer wieder Sand. „Ich wüsste schon einen Titel, wenn ich ein Buch schreiben würde: ‚Sandbollen hinter dem Haus'."

Kapitel 9

Bügeln im Hotel

Am Tag 13 meiner Tour führt der Weg zunächst selten direkt am Rhein entlang. Ich muss große Schleifen um Inseln, Auen und Orte fahren – zu meinem großen Vergnügen. Denn die Auwälder zwischen Leimersheim und Germersheim sind eine gemächliche Radtour wert. Dann muss ich einen großen Umweg über Jockrim nach Wörth fahren, den Grund dafür weiß ich heute nicht mehr. In Wörth treffe ich auf einen Radfahrer, der wie ein Profi gekleidet ist. Wir plaudern, und als er vom geplanten Verlauf meiner Radtour hört, sagt er: „Ich will mal nach Finnland radeln." Er gehört zu den etlichen Radlern, die mir unterwegs erzählen, wo sie mal hin wollen. Irgendwann. „Nicht nur reden, machen", denke ich dann jedes Mal. Es lohnt sich.

Das schöne Wetter schlägt um, es beginnt stark zu regnen. In Neuburg wechsle ich mit der Fähre auf die rechte Rheinseite. Damit entscheide ich mich für die Weiterfahrt am deutschen Ufer entlang, die Gegend kenne ich nicht. Links, auf der französischen Seite, war ich vor gar nicht langer Zeit mit meiner Freundin Kerstin im Elsass auf Entdeckungsreise. Außerdem führt in Frankreich der Radweg zuweilen weg vom Rhein, was mir nicht so zusagt.

Ich bin der einzige Fahrgast auf der Fähre, und genau aus diesem Grund ziehen die ausgehängten Geschäftsbedingungen meine Aufmerksamkeit auf sich. „Ein einziger Fußgänger oder Radfahrer hat keinen Anspruch auf Überfahrt", heißt es da. In der Regel fahre die Fähre alle 15 Minuten. „Bei gewünschter Einzelfahrt: 5 Euro für Brennstoffkosten inkl. Fahrpreis." Das wäre für mich ein Vermögen, aber ich muss nur den üblichen Fahrpreis berappen. Ach, und dann steht da noch: „Beleidigungen gegenüber Fährpersonal: sofort

Anzeige." Scheint ja durch aufgewühltes Fahrwasser zu führen, diese Fährverbindung.

Ich komme jedenfalls wohlbehalten in Neuburgweier an, obwohl es immer noch wie aus Kannen schüttet und recht kühl geworden ist. Zeit für eine Unterkunft. Ich reserviere telefonisch eine Übernachtung in einer Pension in Plittersdorf, das rund 15 Kilometer entfernt liegt. Dort angekommen, bin ich reif für eine heiße Dusche, trockene Klamotten und ein Bett. Ich spüre die 87 Kilometer Tagesetappe in den Knochen, bei schönem Wetter stecke ich so eine Strecke besser weg. Familie Reiß gewährt mir einen Übernachtungsrabatt, der Hausherr bringt mir noch Kaffeepulver und Lebensmittel, die frühere Pensionsgäste dagelassen haben. Am nächsten Morgen, nach einem Blick auf Regen und Sturm, schiebe ich spontan einen Ruhetag ein. Ich fühle mich nicht fit. Am Vormittag fahre ich ins nahe gelegene Rastatt, treibe ein Internetcafé auf, in dem ich an die Lieben zuhause schreibe, die regelmäßig lesen wollen, dass es mich noch gibt, genehmige mir für ganz kleines Geld ein Mittagessen und fahre auch schon zurück in die Pension. Hier verschlafe ich den Nachmittag, den Abend und die Nacht.

Am nächsten Morgen fühle ich mich, wie mein Rad heißt: Hercules. Auf geht's im Regen, der sich aber bald verzieht. Der Ort Freistett bleibt mir in Erinnerung, bunte Fachwerkhäuser und üppig blühende Bauerngärten verbreiten elsässisches Ambiente.

Kaffeepause am Nachmittag in Kehl am Rhein, am anderen Ufer liegt Strasbourg. Es ist noch nicht spät, ich könnte noch gut zwei Stunden radeln, beschließe aber zu bleiben. In der Touristen-Info entpuppt sich eine Mitarbeiterin als Schatz. Sie telefoniert alle Pensionen nach einem preiswerten Zimmer ab. Nichts zu machen, durch eine große Sportveranstaltung ist alles belegt. „Melden Sie sich doch mal im Hotel Rosengarten bei Dimitri", fällt ihr dann ein – und schon hat sie den Hörer in der Hand. Der Hotelier bietet ein Einzelzimmer für 35 Euro. „Zu teuer", sage ich ihm, als ich im Hotel vor ihm stehe. Ich erkläre ihm kurz, wie ich reise. Das findet er gut und fragt mich, wie viel ich zahlen würde. 15 Euro. „Ach nein", das ist ihm zu wenig. Was soll ich machen? In der Küche arbeiten? „Nein, bügeln." Das Angebot von Dimitri Panagiotidis lautet schließlich: 20 Euro fürs Zimmer, ein Essen, und ich bügle die Hotelwäsche. Okay, wir besiegeln das Geschäft per Handschlag. Da ist es 16.30 Uhr, erst zwei Stunden später soll ich mich wieder bei ihm sehen lassen. Zeit zum Duschen und Umziehen auf dem Zimmer.

Später sitze ich dann im Keller an der Mangel und am Bügeleisen und glätte Tischtücher, Bettwäsche, Handtücher, Hemden. Gerade Bügeln ist so eine Hausarbeit, vor der ich mich drücke, wann immer es geht, denke ich noch so, und muss grinsen. Zwischendurch schaut eine freundliche Hotel-Mitarbeiterin nach, ob mich mein Job in die Mangel nimmt oder umgekehrt. Später, schon nach zwei Stunden, entlässt mich Dimitri aus dem Bügelkeller, und die Köchin serviert mir einen Berg feinstes Gyros mit Salat. Dazu gibt's Pils vom Fass und Sirtaki mit Alexis Sorbas aus der Musikanlage.

Wieder um tolle Begegnungen reicher, darf ich mich am nächsten Morgen noch beim Frühstück stärken. Und weiter geht's – erst mal zu einer A.T.U-Werkstatt in der Nähe. Mein Fahrrad quietscht nach 750 Kilometern erstmals nach Öl. Die Bitte nach diesem Service läuft wie geschmiert. Dann beginnt die bisher schwierigste Etappe. Ab Kehl ist der Radweg teilweise schlecht ausgeschildert, später kämpfe ich auf dem Rheindamm Richtung Ichenheim, Meißenheim, Schwanau mit extremem Gegenwind. Ich trete wie ein Stier in die Pedale und habe das Gefühl, dennoch nicht voran zu kommen. Das kostet Kraft. Aber ich schaffe 80 Kilometer.

In Sasbach am Kaiserstuhl ist Schluss für diesen Tag. An der Hauswand der Pension, in der ich für 26 Euro übernachte, steht in altdeutscher Schrift: „Ein froher Gast ist niemals Last." Und das meint Pensionswirtin Ria Birkle ernst. Die Frau wird sofort aktiv, als ich ihr erzähle, dass ich mit wenig Geld unterwegs bin und meine Reisekasse möglichst weiter aufbessern muss. Sie nennt mir sofort die Adressen von zwei Bauernhöfen und einer Gärtnerei in der Nähe, wo ich es versuchen soll. Ich radle gleich los, aber der eine empfohlene Landwirt hat leider keine Arbeit, der andere könnte mir erst zwei Tage später eine Übernachtung bieten. Zurück in Sasbach, gibt Frau Birkle keine Ruhe. Sie ruft auf dem Weingut Helde im benachbarten Jechtingen an – und dort kann man mich in der Sauerkirschen- und Zwetschgenernte gut gebrauchen.

Wieder mal fühle ich mich wie im Himmel auf Erden: Ich weiß, dass ich an diesem Abend in einem schönen großen Zimmer mit Dach über dem Kopf schlafe, dass ich mich unter die Dusche stellen und am nächsten Morgen frühstücken kann. Und, die Krönung, dass ein Job auf mich wartet. Dank Ria Birkle. Für sie ist das keine große Sache, „man ist doch Mensch".

Kapitel 10

Ja, Chef! Wird gemacht, Chef!

Schon der Freitagmorgen lässt ahnen, dass ich mich in Baden, der sonnenreichsten Region Deutschlands, aufhalte. Nach dem Frühstück bei Ria Birkle und ihrem Mann zieht's mich nach Jechtingen. Gertrud und Hermann Helde, die Eltern des Junior-Winzers Norbert Helde, begrüßen mich und zeigen mir alles, was wichtig für mich ist: Schlafplatz und sanitäre Einrichtungen. Während ich zunächst wegen Platzmangels schlicht auf einer Matratze in einem Lagerraum nächtige, darf ich in den weiteren zwei Nächten im schönen Pensionszimmer mein Haupt zur Ruhe legen. Und dann taucht da plötzlich ein Mann auf, der schimpft und nölt, weil ihm irgendetwas mit der Zwetschgenernte nicht in den Kram passt. Das ist der Junior-Chef, Norbert Helde. Seines Zeichens langjähriger Winzer und Weinbautechniker. Der 41-Jährige stellte 1990 das Wein- und Sektgut der Familie auf ökologischen Anbau und Erzeugung um. Das schmeckt man bei jedem Schluck, bei jedem Bissen, den man bei den Heldes zu sich nimmt.

Aber zunächst mal an die Arbeit: Die Sauerkirschen wachsen an kleinen kompakten Bäumen, das Pflücken der Früchte ohne Stiel fluppt. „Die Roten nicht", weist mich Hermann Helde in der Plantage ein. Meinen verständnislosen Blick vertreibt er mit der Erklärung, dass die hell- bis knallroten Früchte noch hängen bleiben sollen, die dunklen sind die reifen. Und ich erfahre ganz nebenbei, was wurzelechte Kirschen sind. Hier kommt der Ast in die Erde, der dann Wurzeln schlägt. Alle anderen Bäume sind veredelt. Die traumhafte Kulisse, in der ich ernte, verleitet zum Trödeln. Links von uns im Hintergrund ragt der Schwarzwald auf, rechts erstrecken sich die Vogesen – und in der Mitte stehen wir.

Bei den Frühzwetschgen – die Sorten heißen „Hermann", wie der Senior-Winzer, oder „Gerstetter" und „Cacak" – sieht die Sache für mich Laien-Obstpflücker schon anders aus. Die Bäume sind groß, der Blätterwald üppig, und ich bin unsicher, welche Früchtchen reif sind und welche nicht. Aber wieder bekomme ich Unterstützung – auch von den stets gut gelaunten, hilfsbereiten rumänischen Erntehelfern, die immer für einen Spaß zu haben sind. Mangelnde Sprachkenntnisse bereiten keine Verständigungsprobleme.

Die Arbeit im Freien macht Spaß, man sieht schnell, was man geschafft hat, und bekommt nebenbei noch ein Sonnenbad ab. Und zwischendurch düst immer wieder Norbert Helde durch die Plantage. Dem charmanten Poltergeist geht's nicht schnell genug, oder es landen zu viele unreife Pflaumen in den Körben. Manchmal müsse er im Ton scharf werden. „Oh ja, ich kann schon mal laut werden." Dazu steht der Öko-Winzer. „Das muss auch mal sein bei so vielen Leuten." An einem Tag wie diesem kosten ihn die Erntehelfer schließlich sehr viel Geld. „Würde da etwas mit der Ernte nicht stimmen, hätte ich ein Problem." Würde der Abnehmer, mit dem er eine Obstlieferung vereinbart hat, die Ware mangels Qualität nicht annehmen, bliebe der Winzer auf sämtlichen Ausgaben sitzen. Obendrein würde ihm der unzufriedene Kunde auch noch die Speditionskosten in Rechnung stellen. Bei so viel Verantwortung, die auf seinen Schultern lastet, darf's also auch schon mal lauter werden. Und dann schmunzelt Norbert Helde auch schon wieder, als ich seine Anweisungen mit „Ja, Chef!", „Wird gemacht, Chef!" kommentiere. Der temperamentvolle Winzer geht zum Lachen ganz bestimmt nicht in den (Wein-)Keller…

Abends, ich darf bei den Heldes in der Küche mit am Tisch essen, komme ich in den Genuss von Mutter Gertruds Brot. Sie backt es selbst im eigenen Holzofen, 20 Laibe aus

Weizenmehl reichen sechs Wochen, erzählt sie. Ansonsten bleibt die Gewürzmischung ihr Geheimnis. Dieses Brot ist eine Wucht, es schmeckt intensiv nach Getreide, man denkt an endlose Ährenfelder, Klatschmohn und Kornblumen am Wegesrand. Es schmeckt einfach echt, wie alles auf dem Öko-Hof: Radieschen, Tomaten, Salat. Und erst der Wein! Grauburgunder, in Baden das Flaggschiff unter den Weinen, Chardonney und Spätburgunder Rotwein, um nur drei aus dem großen Helde-Wein-Sortiment zu nennen. Hinzu kommen Sekt, Obstbrände und andere Köstlichkeiten. Mein Favorit ist der Jubiläumswein, ein Spätburgunder Rotwein, den Norbert Helde 2006 zu drei Anlässen ausgebaut hat: seinem 40. Geburtstag, seinem 25-jährigen Berufsjubiläum als Winzer und seiner 15-jährigen Tätigkeit als Weinbautechniker. Ich sage über den Wein: sündhaft lecker. Der Winzer beschreibt ihn so: „Samtig, weich und gehaltvoll, gepaart mit Fruchtaromen nach Sauerkirschen und Brombeeren. Ein temperamentvoller, charakterstarker und gereifter Typ mit Potenzial – ganz wie der Gutsinhaber persönlich." Ist ja gut, Chef!

Etwas ganz Besonderes sind die streng limitierten Emil-Gött-Weine, benannt nach einem Jechtinger Dichter, Bauern und Menschenfreund, wie mir erklärt wird. Der von 1864 bis 1908 lebende Mann „machte schon zu seiner Zeit zukunftsweisende Vorschläge zum umweltschonenden Weinbau". Und darüber kann ich mit den Heldes am Samstagabend, nach getanem Tagwerk, am Küchentisch reden. Warum Sohn Norbert auf ökologischen Anbau umstellte: „Die Industrie-Herbizide sickern ins Grundwasser, Allergien nehmen zu", nennt er die zwei wesentlichen Gründe. Bei ihm kommt keine Chemie mehr zum Einsatz, „die ist auf dem Nullpunkt". Gegen Mehltau spritzt er in Wasser aufgelöstes Backpulver. Bei Läusebefall der Rebstöcke kommt ein spezielles Öl zum Einsatz. „Wir müssen fünf bis sieben Mal im Jahr Gras mähen oder hacken", sagt er, und das unterscheide ihn von einem herkömmlichen Winzer, der stattdessen zwei Mal mit chemischen Mitteln auf dem Boden spritze, um das Unkraut zu vernichten.

Die Heldes betreiben auf vier Hektar Land Obstanbau für den Bio-Großhandel und auf nochmals vier Hektar für Obstbrände aus eigener Destillerie. Die zum Teil 70 Jahre alten Streuobstbäume hat schon Norbert Heldes Großvater gepflanzt. Und schließlich erfolgt auf acht Hektar Land der Weinausbau. „Wir machen weniger, aber dafür richtig gut", lautet das Credo des Winzers. Bestärkt wird er darin nicht zuletzt durch Prämierungen für Weine und Brände seines Gutes. Bei der Obsternte und Weinlese, die Trauben werden von den Reben geträufelt, sind Erntehelfer im Einsatz. Außerdem kann der Junior auf „geländegängige Tanten und Omas" zählen.

Auch bei den Heldes geht es an diesem Sonntag nur für einen halben Tag in die Obsternte. Zeit für mich, die Gegend zu erkunden. Ich radle in das Winzerdorf Burkheim, spaziere durch lauschige, verwunschene Gassen und lasse mich im „Siebten Himmel" nieder. Im Garten des gleichnamigen Restaurants, das Heldes Wein auf der Karte hat, gönne ich mir einen Emil Gött, Spätburgunder Rotwein 2001. Ein Glas kostet sieben Euro – es kommt die Stunde der zehn Euro, die mir meine Nachbarin mit auf den Weg gegeben hat. Kein Cent ist verschenkt bei diesem Tropfen. Ich genieße – und lese. In der Weinkarte stehen Sprüche wie „Im Wasser kannst du dein Antlitz sehen, im Wein der anderen Herz erspähn". Auch der englische Wein-Papst Hugh Johnson kommt zu Wort: „Weintrinker sehen gut aus, sind intelligent, sexy und gesund." Ganz meine Meinung.

Später ist noch Zeit für ein Abendmahl mit Norbert und einem seiner Freunde in einem schönen Lokal. Hier versetzt mich die geeiste Holunderblütencreme in kulinarisches Entzücken. Überhaupt ist der Kaiserstuhl für Genießer sehr zu empfehlen. Am nächsten Morgen das letzte Frühstück in der Küche. Ich darf Pflaumen und Brot einpacken, und von Norbert gibt's 100 Euro und eine Flasche Emil-Gött-Grauburgunder. Wie schon in der Pfalz auf dem Hof der Becks, hatte ich vorher nicht über die Bezahlung verhandelt. Ich wusste einfach in beiden Fällen, dass ich nicht über den Tisch gezogen werde. Und ich wurde nicht enttäuscht. Im Gegenteil: nicht nur für meine Arbeit fair bezahlt, sondern mit Begegnungen reich beschenkt.

Kapitel 11

Fläschle, Häusle und Sößle

Dass ich am Kaiserstuhl eine Gegend verlasse, in der es viel zu entdecken gibt, wird mir bei der Abreise so richtig bewusst. Nicht weit von Jechtingen steige ich nochmals für ein paar Minuten vom Rad, um durch eine Ausstellung mitten im Grünen zu spazieren. Hier ist Gunther Armin Dross am Werk, oder, wie er sich Besuchern auf einem Plakat empfiehlt, „Ihr Künstler SpätburGunther". Was andere wegwerfen, verwandelt er in Kunst. Aus einer Glühbirne und CDs wird ein Schmetterling, ein Vogelnest steht auf einem Notenständer, Kochtöpfe, Küchensiebe und Stoßstangen verwandeln sich in bizarre Figuren, und eine am Ast hängende bemalte Wurzel sieht aus wie ein fliegender Fisch. Leider ist der Künstler nicht zu sehen, und ich muss weiter.

Immer schön am Rhein entlang fahre ich vorbei an Breisach, Grißheim, Neuenburg und Weil. In Basel, wo ich problemlos den Schweizer Zoll passiere, würde ich am liebsten Pause machen und diese schöne Stadt erkunden. Aber das hebe ich mir für eine spätere Reise auf. Weiter geht's, ich bin gut in Form, wieder auf deutschem Gebiet über Grenzach-Wyhlen nach Rheinfelden. Alles Orte, von denen ich noch nie etwas gehört habe. Es wird Zeit, einen Schlafplatz zu suchen. Ich telefoniere verschiedene Hotels und Pensionen ab. Bis zu 70 Euro werden verlangt. Mein Eindruck ist: Je später der Abend und je dringender das Bedürfnis, etwas zu finden, desto teurer das Hotel. Eine Pension kostet beim ersten Anruf 27 bis 30 Euro, Stunden später verlangt dasselbe Haus schon 35 Euro.

Das Wetter ist schön, mein Geldbeutel schmal – nach 104 Kilometern Tagesetappe bahnt sich die nächste Übernachtung im Freien an. In der Nähe von Schwörstadt finde ich mitten im Grünen ein ideales Plätzchen für mich: eine Holzhütte mit Vordach und kleiner Veranda, daneben eine Regentonne voll Wasser. Die Hütte steht auf einem offenen Anwesen mit Grill- und Spielplatz, gegenüber wächst Mais auf dem Feld. Weit und breit ist kein Mensch zu sehen, auch nicht in der Hütte. Ohne lange nachzudenken, rolle ich draußen auf der Veranda Isomatte und Schlafsack aus, esse Brot und Pflaumen aus dem Hause Helde, gucke zu, wie es dunkel wird, verschiebe die Körperpflege auf den nächsten Morgen – und bin sehr zufrieden und froh. Und wieder einmal bestätigt sich, was ich schon Tage zuvor in einer E-Mail an meine Freunde geschrieben hatte: „Ich ahne: Je mehr ich mich von meinem Sicherheits- und Wohlstandsdenken verabschiede, umso leichter komme ich voran und treffe Menschen, die mir wohlgesonnen sind. Da besteht eindeutig ein Zusammenhang." Oder ich finde eben einen guten Platz im Freien. Dass die Hütte ein Vordach hat, finde ich im Laufe des späten Abends ganz prima: Es beginnt zu regnen.

Am nächsten Morgen weihe ich mein neues Camping-Waschbecken ein, einen an den Rändern verstärkten Behälter aus festem wasserdichtem Stoff, und ein kleines Mikrofaser-Handtuch. Beides sind Geschenke, die mir der Seniorenbeirat vor Reiseantritt gemacht hat. Der Beirat vertritt in Essen die Interessen älterer Menschen, über seine Aktivitäten berichte ich regelmäßig in der NRZ. Handtuch und Waschbecken, leicht und platzsparend, sind Gold wert auf dieser Reise.

Morgens begleitet mich Regen. Bisher verwöhnt vom ebenen Rheinradweg, wird es zunehmend hügelig. In Rheinheim steige ich für einen historischen Moment vom Rad und fotografiere meinen Kilometerzähler: Am 21. Tag meiner Abenteuertour bin ich 1000 Kilometer im Sattel. Wow! Ein Stück weiter, in Hohentengen nahe der Schweizer Grenze, steige ich aber nach nur 64 Kilometern vom Rad. Was heißt „nur".

Bei der Länge der Tagesetappen setze ich mich keinem Stress aus, mal knacke ich mühelos 100 Kilometer, mal ist schon nach der Hälfte Schluss. Mich selbst unter Leistungsdruck zu setzen, ist wirklich das Letzte, was ich will.

Mir steht eher der Sinn nach einer gemütlichen Pension, wie ich sie bei Silvia Brenzinger finde. Dusche, Kochnische, ein traumhaft bequemes Futonbett, kein Fernseher – alles da, was ich zum Ausruhen brauche. Die Übernachtung in dem großen, komfortabel eingerichteten Zimmer kostet 20 Euro. Silvia Brenzinger schenkt mir ein üppiges Frühstück mit Kaffee. Die nette Frau hat wie ich am 20. Juli Geburtstag. Sie organisiert im örtlichen Verkehrsverein Radtouren und will Mitte Juli 2007 zu einer Treckingtour nach Bolivien starten. Hier bleibe ich gerne auch noch eine weitere Nacht. Ich bin platt, und außerdem führt sich das Wetter im Juni auf wie im April. Heftige Regengüsse und Gewitter werden von strahlendem Sonnenschein abgelöst – oder umgekehrt. Ich habe zwar den langen Riss in meinem Regenmantel gerade mit Klebeband repariert, aber mir ist es trotzdem zu nass. Bei Regenpausen spaziere ich durch den Ort, schmunzle über die Sprache, in der es Fläschle, Weckle (Brötchen), Häusle oder Sößle heißt, und ruhe mich gut aus für die nächste Etappe. Sie wird mich an mein Ziel führen – an den Bodensee.

Kapitel 12

Der Rhein wird vom Bodensee geschluckt

Als ich mich an diesem Donnerstagmorgen auf mein Hercules-Rad schwinge, weiß ich, dass ich abends mein Ziel erreichen werde – Fischbach am Bodensee, wo mich schon Verwandte einer Freundin erwarten. Wenige Kilometer hinter Hohentengen überquere ich die Grenze in die Schweiz, der Rheinradweg ist hier perfekt ausgeschildert. Es geht vorbei an sattgrünen Wiesen und Sonnenblumenfeldern. Auf der Strecke wird für „Schlafen im Kräutergarten" geworben und der Verleih von Kamelen angeboten – als sei dies das Selbstverständlichste der Welt. Auch wegen dieser skurrilen Begebenheiten bin ich froh, dass ich mich für die Route über Günzgen, Wasterkingen, Hüntwangen und Will entschieden habe. Sie führt zwar einige Kilometer vom Rhein entfernt durch die Schweiz, mir bleiben aber heftige Steigungen erspart, mit der die Rheinroute aufwartet. Kurz hinter Rafz befinde ich mich wieder auf deutschem Gebiet, die Landesübergänge sind hier und auf den nächsten Kilometern fließend. Auch in dieser Gegend entscheide ich mich für die steigungsfreie Strecke.

Und dann naht bei Neuhausen/Schaffhausen in der Schweiz der 150 Meter breite Rheinfall. Schon von weitem ist das Donnern und Grollen zu hören, mit dem sich die Wassermassen in rund 23 Meter Tiefe stürzen. Wenn man vor dem größten Wasserfall Europas steht, kommt man sich winzig und unbedeutend vor. Je nachdem wie viel Wasser der Rhein führt, stürzen hier etwa 100 bis 1.200 Kubikmeter pro Sekunde über die Felsen. Im Durchschnitt sind es 700 Kubikmeter, also 700.000 Liter – so viel wie 5.600 Menschen an einem Tag beziehungsweise ein Mensch in gut 15 Jahren verbraucht. Stundenlang könnte ich dieses gigantische, aufschäumende Naturschauspiel beobachten, doch mein Ziel zieht mich magisch an. Schnell noch ein Foto von mir und dem Rheinfall im Hintergrund, für das ich einem Paar aus Japan lächelnd meine Kamera in die Hand drücke, und weg bin ich.

Hinter Schaffhausen führt der Weg direkt am Rhein entlang. Ich erreiche Büsingen, ein deutsches Dorf, das jedoch vollständig von Schweizer Hoheitsgebiet umschlossen ist und deshalb zum schweizerischen Zollgebiet gehört. Die Gemeinde hat zwei Postleitzahlen und zwei Vorwahlen. „Diese Besonderheit hat ihren Ursprung im Jahr 1770, als Österreich seine landgräflichen Rechte über die Nachbardörfer an Zürich verkaufte und Büsingen zurückbehielt", klärt das *bikeline*-Radroutenbuch auf. Später kam Büsingen erst zu Württemberg und dann zum Großherzogtum Baden.

Der nächste Höhepunkt auf dieser Etappe lässt nicht lange auf sich warten. Ich verliebe mich sofort in die Stadt Stein am Rhein. Die akribisch restaurierten, mit Fresken und Sprüchen geschmückten Fachwerkhäuser scheinen mit ihren steilen Giebeln in den Himmel zu wachsen. Da stehen Sätze wie dieser auf der Fassade: „Trinkt o Augen, was die Wimper hält, von dem goldnen Überfluss der Welt." In den Gassen der im Mittelalter entstandenen Stadt steht die Zeit still, ich würde mich nicht wundern, kämen jetzt Feen und Edelmänner um die Ecke, um mir eine gute Weiterfahrt zu wünschen. Wieder so ein Platz auf der Welt, den ich nochmals bereisen möchte. In Stein überquere ich den Fluss über eine Brücke, das Wasser ist schon blau-grün-türkis, der Rhein wird allmählich vom Bodensee geschluckt. Wobei dieses Bild eigentlich nicht korrekt ist. Ich bin entgegen der Fließrichtung geradelt, tatsächlich lässt der Bodensee den Rhein aus sich rausfließen. Der Radweg führt an der Bundesstraße 13 am Untersee entlang, über Eschenz, Mammern, Steckborn und Ermatingen. Durch die Mitte des Sees führt die deutsch-schweizerische Grenze.

Meine Beine wirbeln in Richtung Konstanz. Das Gefühl, das mich trägt, werde ich nie vergessen: eine Mischung aus Stolz, es (fast) geschafft zu haben, und purem Glück.

Angekommen in Konstanz, mache ich Pause in einem Straßencafé. Die Eindrücke sollen erst mal sacken. Dann muss ich noch ein Stück zur Fähre radeln. An einer steil abfallenden Stelle, die ein Betonpfosten noch zusätzlich verengt, verliere ich das Gleichgewicht und kippe wie in Zeitlupe mit dem Rad um. Zum Glück ist nichts passiert. Zwei weitere Stürze – auf dem Weg nach Lindau lande ich nach einer zu scharf genommenen Kurve mit dem Gesicht auf Schotter und in Kassel mit dem Vorderreifen in einer Straßenbahnschiene und dann auf Asphalt – werden hingegen kurzzeitig schmerzhaft sein.

Auf einer Autofähre geht's über den See auf die andere Seite nach Meersburg. Es folgen nochmals rund zwölf Kilometer bis Fischbach bei Friedrichshafen. Am 23. Tag meiner Tour und nach 1109 Kilometern komme ich gegen 18 Uhr bei Annegret und Hugo Betzold an. „Der Besuch, den ich nicht kenne", begrüßt mich Annegret Betzold herzlich. Das Paar bietet mir Quartier und entpuppt sich als wunderbare Gastgeber. Wir verstehen uns gut, fremdeln nicht und müssen auch keine peinlichen Schweigerunden überspielen. Im Gegenteil. Die Betzolds, Eltern eines erwachsenen Sohnes, sind Mitte sechzig und zwei Menschen im Unruhestand. Frau Betzold arbeitet seit über zehn Jahren im Altenheim, inzwischen „nur noch", wie sie sagt, an zwei Tagen. Ein Mal vormittags, um die Pflegefachkraft und Pflegeschülerin zu entlasten, ein Mal nachmittags im Alzheimer-Café, um Angehörige zu entlasten. Sie weiß, dass die Mitarbeiter in Heimen unter Zeitdruck stehen, „das ist ein Fließbandbetrieb". Annegret Betzolds Motiv für ihr Engagement: „Um es besser zu machen, und wenn es jede Woche nur für kurze Zeit ist, zum Beispiel, um jemanden in Ruhe beim Essen zu unterstützen."

Hugo Betzold ist Diplom-Ingenieur und arbeitet für das Unternehmen Astrium (Dornier) in Immenstaad. Dort werden unter anderem Geschwindigkeitsselektoren gebaut, die Neutronen entsprechend ihrer Geschwindigkeit sortieren, um diese als Sonden zu benutzen. Diese wiederum ermöglichen den Blick ins Innenleben von Werkstoffen.

An meinem ersten Abend in Fischbach serviert Annegret Betzold selbstgemachte Kartoffelsuppe mit Würstchen. Hm, ein Gedicht. Besser hätte es meine Großmutter, die berühmt war für ihre leckeren Suppen, nicht hingekriegt. Satt, zufrieden und kaputt falle ich gegen 22 Uhr ins Bett, das in dem Fall eine extra für mich aufgebaute bequeme Campingliege ist.

Am nächsten Morgen frühstücken die Gastgeberin und ich gemütlich zusammen. Ich lerne, dass braune Brötchen mit luftigem Teig „Knauzen" heißen und eine Brötchenstange mit Salz und Kümmel drauf „Seele". Eine Seele von Mensch ist indes Annegret Betzold. Die warmherzige Frau packt mir ein üppiges Vesperpaket für meinen Ausflugstag am Bodensee. Ob Tomaten, Süßes oder Servietten, sie denkt an alles.

Derart gut versorgt steige ich aufs endlich mal nicht bepackte Rad, ich fliege geradezu und erkunde auf einer gemütlichen Juckeltour die Gegend. Der „Tatort" vom Bodensee mit Eva Matthes zählt nicht umsonst zu meinem Lieblingssonntagabendkrimi. Ich bin hin und weg von diesem Flecken Erde, den ich urwüchsig, kraftvoll und idyllisch erlebe. Das blau-grüne Wasser des Sees streichelt die Seele. Ich fahre in Richtung Birnau, schaue mir von außen die Pfahlbauten in Unteruhldingen an, die zeigen, wie die Menschen in der Stein- und Bronzezeit lebten. In Birnau, wo an grünen Hängen Weinreben bis zum Seeufer wachsen, führt kein Weg an der imposanten Rokokokirche vorbei. Lustig ist hier die beschilderte Anweisung, wie Gläubige ihren Beichtwillen bekunden sollen: 1x lang klingeln, 1x kurz.

Da es wieder Zeit für ein Lebenszeichen von mir ist, frage ich in den Orten auf meiner Strecke nach einem Internetcafé. Eine Stunde Surfen kostet drei bis vier Euro. Nicht mit mir, das finde ich unverschämt teuer. Das Café, das ich abends in Friedrichshafen ausfindig mache, hat mit zwei Euro pro Stunde ein annehmbares Angebot. Später gibt's am Seeufer noch einen wunderbaren Sonnenuntergang gratis dazu.

Am nächsten Morgen, es ist Samstag, der 7. Juli, heißt es Abschiednehmen. Nach einem wieder üppigen Frühstück und mit viel Wegzehrung im Gepäck sage ich: Ade, liebe Betzolds!

Ich radle nur bis Kressbronn, entscheide mich spontan für eine kurze Tagesetappe, weil mich eine außergewöhnliche und preiswerte Übernachtungsmöglichkeit lockt. Und zwar in einem Heuhotel, wo die Nacht mit Frühstück 16 Euro kostet. In der urigen Scheune mit komfortablen Duschen und Toiletten beziehe ich gegen 14.30 Uhr meine Heunische. Mein weiches Lager für die Nacht duftet intensiv und staubt. Egal. Dann gehört der Nachmittag mir. Ich strample nach Lindau und bade im Bodensee, im schönsten Freibad unter der Sonne. Hier liege ich später bei strahlendem Sonnenschein auf der Wiese, ein Zeppelin schwebt am blauen Himmel, und ich schaue auf die Alpen. Mit dieser Wirklichkeit kommt keine noch so makellose Filmkulisse mit. Ich kann es mal wieder nicht fassen, wie schön mein Leben gerade ist – und genieße es einfach. Nach dem Besuch im Bad schaue ich mir noch die Innenstadt von Lindau an. Plötzlich höre ich ein lautes Zischen – zum Glück hat sich am Hinterrad nur die Ventilverschraubung gelockert, was mit einem Griff behoben ist. Auf meiner Tour zwingt mich nicht ein einziger Platten vom Rad. Die Anschaffung zweier doch etwas kostspieliger Reifen, die „unplattbar" heißen, macht sich bezahlt.

Nach der Nacht im Heu beginnt am 8. Juli 2007 bei Kilometerstand 1249 meine Rückfahrt. Ich stärke mich zuvor am reichhaltigen Frühstücksbüfett. Das ist eine gute Entscheidung, denn mir steht der schwierigste und anstrengendste Streckenabschnitt bevor: Hinter Lindau beginnt das Allgäu, durch das ich fahren muss, um nach Füssen zu gelangen. Fahren? Was schreibe ich da. Es wird ein dreitägiger Kampf – mit den Bergen, dem Dauerregen, der Kälte, meiner schwindenden Moral. Umsteigen in den Zug droht.

Mittwoch, 13. Juni 2007, Susanne Storck kurz vorm Start
in Mülheim an der Ruhr vor dem Haus, in dem sie wohnt.

Winzer Peter Göbel arbeitet in einem seiner Weinberge an der Mosel. Im Juni werden die Rebstöcke geheftet, das heißt, die Ranken nach oben geschlungen.

Blick vom Rheinufer bei St. Goarshausen auf den Loreley-Felsen.

Die Benediktinerinnen-Abtei St. Hildegard in Eibingen bei Rüdesheim.

See-Idylle an einem Campingplatz der Naturfreunde in
Stockstadt in Hessen.

Auf dem Martinshof half Susanne Storck bei der Zucchini-Ernte.

Pflaumenernte mit einem Erntehelfer bei Öko-Winzer Norbert Helde.

Nach getaner Arbeit auf dem Zucchini-Feld mit allen Erntehelfern.

Sonntägliche Spazierfahrt durch die Weinberge zwischen Sasbach-Jechtigen und dem Winzerdorf Burkheim am Oberrhein mit Blick auf eine Ruine.

Rast beim „Dammglonker" in Langenargen am Bodensee.

Kunstvoll verzierte Hausfassaden in Stein am Rhein.

Am Rheinfall bei Schaffhausen, wo ein japanischer Tourist
die Radlerin fotografiert.

Bodensee-Idylle in Lindau.

Sonnenuntergang am Ufer des Bodensees in Kressbronn.

Im Allgäu regnete es die ganze Zeit. Umsteigen in den Zug war ein verlockender Gedanke.

Hinter Füssen thront auf dem Berg das berühmte Schloss Neuschwanstein.

Ziegenzüchter Günther Gebauer beim Melken der Tiere.

In der Franken-Stadt Dinkelsbühl wurde gerade ein historisches Volksfest gefeiert, bei dem sich Bewohner kostümierten.

Rund zehn Kilometer vor der Stadt Suhl in Thüringen knackt Susanne Storck die 2000-Kilometer-Marke.

Idyllischer Zwischenstopp im Sauerland.

Sternstundentauglich: geradezu himmlische Übernachtungs-
gelegenheit in Walburg bei Hessisch Lichtenau.

Marita Härtel mit ihren geliebten Eseln auf ihrem Grundstück in
Walburg.

Mohn-süchtig in Kassel, wo im Sommer 2007 während der „Documenta" Mohn in der Stadt blühte.

Kapitel 13

Höllentour durchs Allgäu

Nach dem Start in Kressbronn, ich habe getrödelt und bin erst gegen 10 Uhr auf der Piste, nehme ich bis nach Lindau Abschied von meinem Reiseziel, an dem ich mich so wohl fühlte. Doch ich werde ganz sicher wieder an den Bodensee kommen – dann aber im Auto und mit Geldkarte.

Hinter Lindau muss ich auf den Bodensee-Königssee-Radweg wechseln. Nur wo genau? Ich halte an einer Tankstelle, stelle das Fahrrad ab. Ein Mann, der mein Parkmanöver nicht gesehen hat, kennt sich aus. „Am besten fahren Sie jetzt erst einmal auf die Autobahn", rät er. Äh, ich bin mit dem Rad unterwegs, gebe ich zu bedenken. „Ach so", antwortet er, kein Problem, er erklärt mir perfekt den Weg zum Radweg durchs Allgäu. Rückblickend bin ich froh, mich vorher nicht ausführlich mit dem Schwierigkeitsgrad und den Steigungen auf dieser Strecke beschäftigt zu haben. Ich glaube, sonst hätte ich schon vor dem Start aufgegeben.

Ziemlich naiv trete ich also in die Pedale. Die Etappe verläuft zunächst verheißungsvoll durch eine sattgrüne Hügellandschaft, lauschige Dörfer und Höfe, vorbei an Weiden, auf denen braune Kühe mit Glocken um den Hals stehen. Die Landschaft wirkt märchenhaft, hier erinnert das bayerische Alpenvorland an das Auenland von Frodo und seinen Freunden im ersten Teil der Verfilmung von „Der Herr der Ringe". Klar ist die Fahrt schon beschwerlicher als auf ebener Strecke am Rhein entlang. Aber das ist für mich noch kein Problem. Vielmehr bereitet mir Sorge, dass sich der Himmel zuzieht. Und mich nervt der starke Gegenverkehr, es sind meist durch und durch gestylte Radler, die auf ihren ziemlich teuer aussehenden Rädern pfeilschnell ins Tal rasen. Ach was, ich bin einfach nur neidisch, dass es bei ihnen bergab geht.

Die ersten Tropfen haben sich inzwischen, es ist Sonntagmittag, in einen starken Dauerregen verwandelt. Das bleibt so bis Dienstagmittag auf meiner Höllentour durchs Allgäu. So lange brauche ich für die nur 125 Kilometer bis Füssen. Vor Sigmarszell kapituliere ich vor der ersten extremen Steigung, ich schiebe mein Rad. Fahren, schieben, das geht 15 Kilometer so weiter. Von Edelitz nach Eglofs geht's erstmals wieder auf drei Kilometern rasant bergab. „Hilfe", denke ich, und kann mich über diese Verschnaufpause nicht mal mehr freuen. Denn nach einer Abfahrt lauert ja wieder ein Berg. Und was für einer. Hinter Gestratz erwartet mich eine 17-Prozent-Steigung auf einer Autostraße. Am liebsten würde ich mein Rad in den Straßengraben feuern und abhauen. Nur wohin…? Fluchend und frierend schiebe ich weiter, zähle bis 20, halte kurz an, um zu verschnaufen, zähle wieder bis 20 und so weiter und so weiter. Aber auch dieser Berg ist irgendwann zu Ende, und zur Belohnung winkt am Ortseingang von Grünenbach-Schönau ein Wegweiser mit montiertem Rad, auf dem steht: „Prestelhof – Radfahrer willkommen!" Genau das Richtige für mich. Nach 56 Kilometern Quälerei und über 500 bewältigten Höhenmetern mache ich Schluss für heute und beziehe ein schönes Zimmer in der Pension von Marion und Elmar Prestel – mit Blick auf die imposante Nagelfluh-Alpenkette, die aber während meines Besuchs meist von dicken grauen Wolken eingehüllt ist.

Der Prestelhof ist für mich an diesem zu Ende gehenden Tag eine Insel der Glückseligen – mit Dusche, restlicher Verpflegung von den Betzolds, einem weichen Bett und einem ausliegenden Reisebericht einer Besucherin, die im Sommer 2006 mit ihrem Bruder und dessen Freund den gesamten Bodensee-Königssee-Radweg abfuhr. Respekt! Aber ich werde nie verstehen, wie man sich die insgesamt rund 430 Kilometer freiwillig antun kann. Jedenfalls gibt die junge Dame wertvolle Tipps über bevorstehende Steigungen, ein fehlendes Hinweisschild an einer Gabelung – nicht das einzige Hinweisschild-Manko auf der Strecke – und gute Gasthöfe. Ich mache mir Notizen, was sich auszahlen wird.

Am nächsten Morgen genieße ich, ausgeruht und nicht mehr so wehleidig, das Frühstück. Ich unterhalte mich mit Marion Prestel, auf deren Wunsch ich mich im Gästebuch verewige, wir schießen noch Erinnerungsfotos, auch mit Elmars Mutter Elisabeth, und um 9.30 Uhr nehme ich die nächste Etappe in Angriff. Und die beginnt in Richtung Stiefenhofen gleich mit gnadenlosen 16 Prozent Steigung. Auch die Regenpause ist nur von kurzer Dauer, es schüttet von Stunde zu Stunde mehr. Die Strecke ist sparsam ausgeschildert, ohne Erklärungen von Einheimischen hätte ich mich beispielsweise in Immenstadt verfahren. Hier mache ich am Busbahnhof Pause, es regnet Blasen.

Die schöne Landschaft versinkt im Regen. Ich kann nicht mal über so lustige Werbebotschaften am Wegesrand lachen wie diese: „Heute Gästeschießen in Kranzegg". Ich habe später keinen Blick für den Alpsee und keinen für den Rottachstausee. Ich schiebe und fluche und heule und friere. Ein Stück des Wegs führt nah an Bahnschienen entlang, das empfinde ich wie einen Hohn. „Warum, zum Teufel, steige ich nicht in den Zug, das würde jeder verstehen…" versucht mich mein innerer Schweinehund zum beschützten Reisen zu überreden. Er schafft es – fast. Ich weiß, dass ich schon nach den ersten Metern im Zug das Umsteigen bereuen und mich ärgern würde, und ich mach's auch nicht. Quäle mich stattdessen weiter. In Petersthal geht wieder nichts mehr, ich bin nach 50 Kilometern völlig erledigt und diesmal auch ziemlich durchnässt. Ich kehre in einen Gasthof ein, atme auf beim Auspacken im Zimmer: Die Fahrradtaschen sind wirklich wasserdicht. Ich kuschle mich erst mal ins Bett, um warm zu werden, mache, ein seltenes Mal auf der Tour, die Glotze an. Es wird gerade die zweite Etappe der Tour de France übertragen. 60 km/h schnell sind die Fahrer in der Sprintphase am Ende, sagt der Moderator. Ich lache laut, am Berg kroch und schob ich mit 7 km/h einher, für die ersten drei Kilometer Steigung brauchte ich fast eine halbe Stunde. Aber egal, mit meinen frischen Allgäu-Eindrücken glaube ich sowieso nicht mehr, dass auch nur ein Mensch ohne Hilfsmittel die Tour de France gewinnt.

Nach dem Duschen gönne ich mir im Gasthof Schnitzel mit Pommes und Salat und Mousse Stracciatella für nur fünf Euro. Und die „BILD am Sonntag" vom Vortag noch dazu. Unterkünfte und Service sind wirklich überall wunderbar, aber mit den Menschen komme ich in dieser Gegend nicht leicht ins Gespräch. Sie sind recht verschlossen, misstrauisch, beobachten einen unverblümt auffällig, halten die bepackte Radlerin aus dem nicht bayerischsprachigen Raum wahrscheinlich für ziemlich verrückt. In einer SMS an einen Freund schreibe ich an diesem Abend: „Bin ca. 35 km vor Füssen, Höllentour im Allgäu, seit gestern Dauerregen, Steigungen bringen mich an meine Grenzen, heulte heute beim Schieben durchgeweicht am steilen Berg … geduscht und satt im Gasthof, habe ich mich wieder gefangen, liebe Grüße von der strampelnden Susanne, die nicht aufgibt."

Am Dienstag geht es weiter – im Regen. Bei Haag passiere ich den mit 1007 Metern höchsten Punkt auf dem Bodensee-Königssee-Radweg. In der Nässe und Kälte will sich einfach kein erhabenes Gefühl einstellen. Außerdem verstecken sich die Berge in dichtem Nebel. In Nesselwang mache ich Pause im Café, belohne mich mit Wärme – eine Frau erzählt gerade, dass es morgens bei ihr in 900 Metern Höhe sieben Grad kalt war – und Nuss-Creme-Rolle und Kaffee. Ich will nicht wieder hinaus. Doch es geht weiter, immer weiter.

Und endlich: In Hopferau lässt sich die Sonne blicken. Ich atme auf, ziehe den Regenmantel aus und kann nun auch die Alpenkulisse genießen. Hier endlich erschließt sich mir die Schönheit der Landschaft. In Hopfen am See lässt die Sonne den See glitzern, hinter dem sich schroffe, spitze Berge mit schneebedeckten Kuppen erheben. Am azurblauen Himmel ziehen Wolken vorbei. Das ist Heimatfilm in echt. Und atemberaubend schön. Im einen Moment steht da ein Riesenberg, der eine Minute später, simsalabim, von Wolken eingehüllt und verschwunden ist.

In Füssen scheint die Sonne. In der Touristen-Information kann man 15 Minuten lang kostenlos online sein, was ich nutze. Heute ist der 10. Juli. Es wäre schön, an meinem Geburtstag, zehn Tage später, in Erfurt bei meiner Freundin Mandy einzufahren. Vielleicht schaffe ich es sogar bis zum 19. Juli, da hat sie Geburtstag. Der Weg dahin ist allerdings noch lang.

Doch erst einmal schnell weg aus der Touristenhochburg Füssen und zum Abschied noch einen Blick auf die Schlösser Hohenschwangau und Neuschwanstein geworfen. Nun komme ich auf dem Radweg „Romantische Straße", der von Füssen nach Würzburg führt, gut voran. Und – juhu! – ich habe die Berge der Alpen im Rücken und fahre auf recht ebener Strecke. Auf dem Weg finde ich keine geeignete Stelle, die zum Übernachten im Freien taugt. Also muss ich nochmals in einer Pension buchen. Ich entscheide mich für ein Zimmer in dem märchenhaft schönen Dorf Trauchgau. Abends vertilge ich einen Steakteller mit Schweinehals und Schweinebauch und trinke leckeres dunkles Bier in der Almstube. Sie liegt etwa zwei Kilometer entfernt in malerischer Landschaft.

Am nächsten Morgen gibt's für mich Frühstück in der Küche. Und der Hausherr ist so freundlich, die quietschende Kette meines Rades zu ölen. Die Fahrt durchs Allgäu zeigt

Spuren: Die Beläge der hinteren Bremse sind völlig runter, darum muss ich mich bald kümmern. Das kostet Geld … wie überhaupt die Tour durch die Berge ein riesiges Loch in meine Reisekasse gerissen hat: 99 Euro für drei Übernachtungen. Das hätte ich mir eigentlich nicht leisten können. Mal sehen, ob meine selbstgewählte Not erfinderisch macht.

Kapitel 14

Gretel allein im Wald

Ich verlasse das schöne Trauchgau. Mein Weg, leider ist er größtenteils grob geschottert, führt dann direkt am Ort Wies und der Wieskirche vorbei. Für einen Blick in die barocke Wallfahrtskirche lohnt sich das Absteigen allemal. Aber ein regelrechter Touristenauftrieb macht es unmöglich, das Gotteshaus in aller Ruhe zu besichtigen. Ein älterer Herr fotografiert sogar beim Gottesdienst. Schnell weg!

Ich habe genug vom anstrengenden Fahren auf Schotter und wähle bis Steingaden die Straße. Hier frage ich mich nach einer Fahrradwerkstatt durch, in Peiting soll ich fündig werden. Bis dorthin fahre ich etwa 15 Kilometer durch eine sattgrüne Landschaft. Teilweise erinnert der Weg an Schilda, und vor lauter Hinweisschildern verliert man die Richtung aus dem Blick, teilweise fehlt jedweder Wegweiser; in Riesen wäre man zum Beispiel für einen Abbiegehinweis dankbar. Etwas weiter entfernt weisen drei grüne Pfeile auf drei Schildern in drei verschiedene Richtungen. Sonst nix. Zum Glück hat jemand die Schilder handschriftlich um den jeweiligen Zielort ergänzt.

Dadurch komme ich ohne Umwege in Peiting an, wo mich mein Weg zu Intersport Schuster führt. Zwei Bremsbeläge für hinten und vorne kosten allein 19,98 Euro, hinzu kommt die Arbeitszeit. Mir wird schlecht, aber Bremsen kann ich nun mal nicht einsparen. Während das Rad wieder flott gemacht wird, schaue ich mir den Ort an. Was mir in Baden-Württemberg schon angenehm auffiel, ist auch in Bayern weit verbreitet: Die zum Teil prunkvollen Kirchen stehen tagsüber für jeden Besucher offen. Oft gibt's auf einem Schild für potenzielle Diebe den Hinweis, dass es zwecklos sei, den Opferstock aufzubrechen, er werde jeden Tag geleert. Und vor dem abgesperrten Altar heißt es: „Vorsicht vor der Alarmanlage." Langfingern ist offenbar nichts heilig.

Zurück im Sportgeschäft, nehme ich meinen ganzen Mut zusammen und frage, ob mir die Rechnung über insgesamt 39,98 Euro gestundet werden kann. Ich weiß, ich war feige und hätte das vor der Reparatur fragen müssen. Dann nuschle ich noch so 'nen peinlichen Satz, dass man mir vertrauen könnte, ich sei von Beruf Journalistin und betrüge nicht... Der junge Mann, der mich bedient, legt ein gutes Wort bei seiner Chefin ein, die ich gar nicht zu Gesicht bekomme. Meine Daten aus dem Personalausweis werden notiert, ich bekomme eine Rechnung und kann abschwirren. Danke, Florian Klein! Keine Frage, die Überweisung des Geldes folgte prompt nach meiner Rückkehr.

Mit neuen Bremsbelägen, aber ungebremst und fröhlich geht es weiter über Schongau, wo ich den Lech überquere. Zwischen den Orten Epfach und Reichling, deren Namen ich bis dahin noch nie gehört habe, passiert es dann: Ich verfahre mich zum ersten Mal. Richtig heftig. Und, auf diesem Standpunkt stehe ich heute noch, das liegt keineswegs an meinem Orientierungssinn. Vielmehr an der eindeutig falschen Ausschilderung.

Hinter Epfach, an einer Steigung auf der Straße in Richtung Reichling, steht ein Hinweisschild, das – jedenfalls am 11. Juli 2007 und auch am nächsten Morgen noch – nach links auf die Romantische Straße weist. Ich folge ihm mit einem unguten Gefühl, der Radweg ist keiner, sondern ein schon stark zugewachsener Wiesenpfad, der dann in einen breiten, mit ganz grobem Schotter belegten Weg übergeht und in dichten Wald führt. Es ist schon später Nachmittag, ganz duster, und plötzlich schüttet es wie aus Eimern. Ich komme mir vor wie Gretel, die sich verlaufen hat. Ohne Hänsel, aber mit Handy und Pensionsverzeichnis im Radtourenbuch. In selbigem steht übrigens richtigerweise nichts vom Abbiegen in den Wald, wie ich blöderweise erst lese, als die Etappe längst zu Ende ist. Mein erster Anruf – wo, weiß ich nicht mehr – erwischt eine Frau, die auf die panische Schilderung meiner Situation und der Aufforderung, mir den richtigen Weg zu weisen, ebenfalls mit Nervenflattern und Ratlosigkeit reagiert. Sie kenne sich hier nicht aus und wollte mir die Nummer ihrer Schwiegermutter geben. Solch einen Tipp kann man im düsteren Wald einfach nicht gebrauchen, ich reagiere ungehalten. Sorry! Anruf Nummer zwei, im Gasthaus „Zur Sonne", landet zunächst im Nirwana, weil die Nummer falsch ist. Bei der Auskunft erfahre ich die neue und bekomme den Wirt an die Strippe. Völlig am Rad drehend, schildere ich meine Situation, aber was kann er schon dafür? Außerdem habe er gar keine Zimmer und legt beinahe auf. Doch dann überlegt er sich's, ein Platz zum Schlafen werde sich schon finden. Per Telefon lotst er mich, eine Frau am Rande des Nervenzusammenbruchs, zurück nach Epfach in sein Gasthaus. Als ich eintrete, sitzen ein paar Männer am Stammtisch. Sie sind mucksmäuschenstill, versuchen, mich nicht anzustarren. Als ich laut sage „Ja, ich bin die hysterische Frau, die angerufen hat", drohen sie vor Lachen zu platzen. Und ich mit. Bei leckerem Schweinebraten, Knödeln, Bier und Gesprächen mit der herzlichen, netten Kellnerin Rosmarie Eglhofer erhole ich mich; und meine Wut auf die Schilderaufsteller legt sich. Wirt Magnus Ostenrieder ist die idiotische Ausschilderung nicht unbekannt, er ist mit dem Mountainbike auf dem Weg gefahren und sagt: „Nie wieder!"

Später lädt mich eine illustre Runde an den Stammtisch ein. Der lustige Abend wird lang. Sehr lang. Weit nach Mitternacht lege ich mein müdes Haupt in der ersten, nicht mehr bewohnten Etage zur Ruhe. Aber nicht, bevor mir Rosmarie noch Kaffee und Frühstück für den nächsten Morgen bereitet hat. Auch hier herrscht pure Gastfreundschaft.

Kapitel 15

Hier ist meckern erwünscht

Irgendwie sträubt sich am nächsten Morgen alles in mir, wieder in Richtung Reichling zu fahren, an dem irreführenden Schild vorbei. Ich fahre von Epfach auf die B 17, keine gute Idee. Das ist viel zu gefährlich, und so lauten, schnellen, stinkenden Auto- und Lkw-Verkehr bin ich gar nicht mehr gewohnt. Ich verlasse die Bundesstraße also bald wieder, wurschtle mich irgendwie nach Landsberg durch. Dort angekommen, habe ich 1500 Kilometer auf dem Rad zurückgelegt.

Weiter geht's immer am Lech entlang. In dem Dorf Scheuring zieht mich ein Schild magisch an: „Ziegenhof Gebauer". Ich radle hin, frage Frau Gebauer, ob ein Helfer bei freier Kost und Logis, das könnte auch im Stall sein, gebraucht wird. Und ich würde gerne mehr über die Ziegenzucht erfahren. Sie bittet mich, später wiederzukommen, wenn ihr Mann da ist. Ich überbrücke die Zeit mit einem Kaffee, den es in der Metzgerei gibt. Da ich mir das koffeinhaltige Getränk nicht regelmäßig leisten kann, wird es zum ganz besonderen, leckeren Gesöff. Seit dem Ende meiner Tour trinke ich allerdings seltsamerweise kaum noch klassischen Kaffee.

Später ist der Chef des Hofes, Günther Gebauer, da. Er lässt sich auf meine Bitte ein, und zunächst darf ich bei der Abendschicht im Stall beim Melken zuschauen und den Züchter mit Fragen löchern. Rund 300 Tiere stehen im Sommer 2007 im Stall, 240 zum Melken. 800 Liter gibt ein erwachsenes Tier im Jahr. In wohlgeordneten Kolonnen treibt der Züchter sie nacheinander an die zwei mal zwölf Melkplätze. Trockenkraftfutter wird in die Tröge geschüttet, die Ziegen beugen sich darüber, eine Art Halskrause schnappt zu. Dann wird angemolken, nicht maschinell: Unter fachmännischer Aufsicht umfasse ich das warme, weiche Euter mit der Hand, presse ab, indem ich mit einem Finger nach dem anderen abrolle, und – simsalabim – die Milch spritzt. Dann übernimmt die Melkmaschine die Arbeit, die ratzfatz über die Bühne geht. Danach geht's zurück in den abgetrennten Stall, und die nächsten 24 Tiere sind dran. Im Körper der Ziegen ist die Milch 30 Grad warm, nach dem Melken kühlt sie im Tank auf 3,5 bis 4 Grad Celsius ab. Eine Molkerei holt die Ziegenmilch alle zwei Tage ab, auch für die Weiterverarbeitung zu Käse. Die Tiere schlachtet Günther Gebauer selbst auf dem Hof und verkauft das Fleisch direkt an die Kundschaft.

Der gelernte Landmaschinenmechaniker betreibt den Hof mit 990 Quadratmetern Stallfläche seit 1995. Damals fing er mit 50 Tieren an. Warum Ziegen, in diesem Fall die Bunte Deutsche Edelziege? „Die Ziege ist ein reinliches Tier, immer sauber", sagt der Züchter, und sie gebe im Gegensatz zum Schaf keine komischen Geräusche von sich. Und: „Wenn sie mich ärgern, nehme ich sie auf den Arm und trage sie weg. Das kann ich mit einer Kuh nicht", fügt er hinzu. Außerdem sei die Milch sehr gesund und die Ziegenzucht eine Marktlücke. Das gewichtigste Argument für Tierfreunde sind jedoch ihre Augen. „Wenn man sie ansieht, kann man ihnen nicht böse sein." Stimmt. Die Ziegen im Stall der Gebauers meckern und springen lustig vor sich hin, sie wirken ulkig und verbreiten gute Laune. Ich werde nie wieder blöde oder doofe Ziege sagen, nehme ich mir vor. Günther Gebauer weiß vom schlechten Ruf der Tiere und erklärt: „Das kommt noch vom Krieg her. Früher hieß es, die Ziege ist die Kuh der armen Leute." Dabei sei die Ziege kein bisschen doof. Doch lässt sie sich austricksen. Nimmt die Natur ihren Lauf, legen Ziegen bevorzugt sieben bis zehn Wochen nach der Sommersonnenwende Brunstverhalten an den Tag. In dieser „bockigen" Zeit geben sie keine Milch. Aber die Molkereien wollen auch im Herbst und Winter Milch, wo der Preis noch dazu am höchsten ist. Also lässt der Züchter phasenweise morgens und abends das Licht im Stall an und täuscht den Ziegen längere Tage vor. Das ist so eine Art tierische Geburtenregelung.

Inzwischen sind Wilfried und Gertrud, die Eltern von Günther Gebauer, längst eingetroffen und helfen im Stall. Manuela, die Frau des Züchters, kümmert sich derweil im Haus um die beiden Kinder Michelle (7) und Christoph, der im Sommer 2007 erst zwei Jahre alt ist. Die vier zusätzlichen helfenden Hände sind unverzichtbar. „Das geht alles nur, wenn die ganze Familie hilft", sagt der Juniorchef. Und fährt fort: „Das vergisst Frau Künast. Ich brauche keinen Zuschuss, ich scheiß' drauf. Die sollen mir vernünftige Preise geben." So lernt man Günther Gebauer schnell kennen: direkt, geradlinig, selbstbewusst. Und energiegeladen. In seiner schmal bemessenen Freizeit liegt er nicht etwa auf der Couch. Er spielt bei „The Mercuries" Keyboard und Quetsch'n und singt. Die Partyband spielt Oldies, Tanz- und Rockmusik zum Fasching und bei vielen anderen Gelegenheiten.

Wozu Ziege alles gut ist, koste ich beim Abendessen: Den Camembert aus Ziegenmilch gibt's zwar auch im gut sortierten Supermarkt im Kühlregal, nur nicht so lecker. Von Ziegenfrischkäse und -leberkäse höre ich hingegen zum ersten Mal. Die Salami aus dem Fleisch der Tiere ist sehr mager und schmeckt intensiv. Nach dem Essen laden mich Wilfried und Gertrud zum Übernachten bei sich zuhause ein. Auch Enkeltochter Michelle kommt mit. Nachdem ich geduscht habe, sitzen wir noch gemütlich auf der überdachten Veranda des Hauses und erzählen. Wilfried Gebauer arbeitet werktags von 7.15 bis 16.30 Uhr als Mechaniker beim nahe gelegenen Jagdbombengeschwader 32 in Lechfeld. Zum Feierabend beginnt die zweite Schicht auf dem Ziegenhof seines Sohnes. Ein ziemliches Pensum.

Am nächsten Morgen klingelt um 6.30 Uhr der Wecker, und ich radle mit Frau Gebauer wieder auf den Ziegenhof. Heute Morgen helfe ich beim Verteilen des Frühstücks für die Ziegen – Gras, das auf 30 Hektar eigenem Wiesenland fast düngerfrei wächst – und beim Fegen. Test bestanden, Günther bietet mir das „Du" an, das ich gerne annehme. Dann zeigt er mir noch die süßen Jungtiere auf der Weide. Im ersten Sommer dürfen sie raus, und dann landen viele Lämmer … ach, man will gar nicht weiter drüber nachdenken.

Um 9.30 Uhr bittet Manuela an den Frühstückstisch. Es gibt Weißwurst, was ja in Bayern nicht weiter verwundert. Aber diese Weißwürste sind anders, sie bestehen zu 90 Prozent aus Ziegenfleisch und zu zehn Prozent aus Fleisch vom Schwein. Das Ziegenfleisch allein ist zu mager dafür, die Weißwurst wäre zu trocken und bröselig.

Zum Abschied geben mir Manuela und Günther Gebauer ein großzügiges Wurstpaket mit auf dem Weg, von dem ich mehrere Tage zehren werde. Ich habe viel Neues erfahren und gekostet, was ich so noch nicht kannte, und wieder unglaublich gastfreundliche Menschen kennen und schätzen gelernt. Bei den Gebauers gab es wirklich keine Sekunde lang Grund zum Meckern.

Kapitel 16

Träumen unterm Sternenhimmel

Das Wetter meint es sehr gut mit mir, als ich mich in Scheuring wieder aufs Rad schwinge. Bei hochsommerlichen Temperaturen radle ich durch Felder, dann immer am Lech entlang bis Königsbrunn. Den Fluss lasse ich später rechts liegen, der Weg führt weiter durch eine saftig grüne und blühende Auenlandschaft mit mehreren Bachläufen. Am Lochbach komme ich gerade dazu, wie einem Fischer eine stattliche Forelle ins Netz geht. Er spricht über den Radweg „Romantische Straße" aus, was ich auch schon mal dachte: „Eine romantische Straße war sie wohl mal vor 200 Jahren, heute müsste sie eigentlich B 17-Straße heißen." Der Gerechtigkeit halber sei erwähnt, dass es auch wunderschöne Streckenabschnitte gibt. Aber eben auch einige triste. Dann begegnet mir noch eine Frau, die – wie unsereins mit dem Rad oder zu Fuß – mit Kutsche unterwegs ist, vor die ihr Pferd Merino gespannt ist. Dank Einheimischen-Tipp lasse ich Augsburg links liegen, ohne die im Radplan beschriebene Schleife zu fahren. Ich komme sehr gut und schnell voran auf diesem schönen Streckenabschnitt und fahre trotz spätem Start 94 Kilometer bis kurz vor Donauwörth. Auf der Karte sind die Riedlinger Seen eingetragen, und schon weiß ich, wo ich heute übernachte: am Ufer eines dieser Seen. Nichts trübt die Idylle am lauschigen Sommerabend. Erstaunlich, dass an einem Freitagabend hier kaum jemand entlang spaziert. Ich schlage mein Lager 20 Meter vom Ufer entfernt auf, bade im See, später esse ich Wurst vom Ziegenhof, rolle meine Isomatte im Gras aus, mich in den Schlafsack ein und gucke in den klaren Sternenhimmel, bis mir irgendwann die Augen zufallen. Das sind die unvergleichlichen Situationen auf meiner Reise, die mich total glücklich machen. Sie bewahre ich wie einen Schatz in meinen Erinnerungen auf, sie rufe ich ab, wenn der Alltag in meinem „normalen Leben" mehr Last als Lust ist.

Für das Risiko, ungeschützt im Freien zu nächtigen, werde ich nicht bestraft. Es bleibt trocken. Am nächsten Morgen, als die Sonne schon Tau aus dem Gras saugt, gönne ich mir noch ein Bad im See, bevor ich das Gepäck wieder auflade und ins schöne Donauwörth fahre. Hier trinke ich Kaffee, bummle durch die Straßen und fahre erst gegen 10.30 Uhr weiter. Diese Tagestour durch den Hochsommer lässt nichts zu wünschen übrig; vorbei geht's an Getreide- und Maisfeldern, Grillen begleiten mich mit ihrem Konzert, die Luft ist heiß und flimmert am Horizont. Ich trinke literweise Wasser, das mir unterwegs ganz selbstverständlich von lieben Menschen in meine Flasche gefüllt wird.

Dann kommt mir ein Fahrradfahrer entgegen, ein „verkleideter", wie ich die Hobbysportler inzwischen nenne, die aussehen, als würden sie bei der Tour de France starten. Ich frage ihn, wie weit es noch bis Nördlingen ist. Daraufhin berichtet er stolz und wie aus der Pistole geschossen, wie schnell er beim letzten Mal dieses Ziel erreicht habe. Hm, wollte ich ja gar nicht wissen. Aber ich bin nicht (mehr) überrascht, der ältere Herr ist nicht der erste Mensch auf meiner Tour, der so erfolgsorientiert auf meine schlichten Fragen zu Wegverlauf und -länge reagiert. Und es sind immer Männer ...

Hinter Harburg gibt der Radweg Romantische Straße plötzlich große Rätsel auf. Wegen des Ausbaus der Bundesstraße 25 ist die vorhandene Beschilderung durchgestrichen – ersatzlos. Liegt's an der Hitze oder daran, dass ich zuvor einen ziemlich steilen Berg bewältigen musste? Ich weiß es nicht, jedenfalls bin ich genervt und frustriert und blaffe eine Postbotin an, die mit ihrem Auto freundlicherweise hält. Ob ich trotz Ausbau die Straße benutzen könne, will ich wissen. Sie wüsste das nicht, auch nicht, wie ich sonst fahren könnte.

Verstehe ich nicht, durch ihre Arbeit müsste sie sich doch in der Gegend auskennen; später ärgere ich mich über mich selbst. Sorry, liebe Postfrau!

Ich wage den Weg auf der Bundesstraße mit Baustelle, es funktioniert. Ich bin erleichtert. Den Frust strample ich schnell weg. Angekommen in Nördlingen, will ich die Stadt eigentlich schnell passieren, aber ich komme nicht daran vorbei. „Die schönsten Ecken sind rund", wirbt die kreisrund angelegte Stadt. Fachwerkhäuser, Kopfsteinpflaster und lauschige Gassen verströmen Mittelalter-Flair. Und das Schönste: An diesem Samstag, Mitte Juli, ist Töpfermarkt. Er gilt als einer der größten und schönsten Märkte in Schwaben. Und das ist keine Übertreibung, wie ein Bummel entlang der mit schönsten Keramiken überbordenden Stände zeigt. Ich bin ganz verzückt, gerate in Kaufrauschlaune, die ich aber ganz schnell niederzwinge. Jetzt bloß keine kostbaren Euros ausgeben, und wohin mit den irdenen Schüsseln und Tassen auf dem Rad? Nördlingen kommt auf die Liste der Reiseziele, die ich irgendwann nochmals aufsuchen will. Mit diesem Vorsatz gelingt es mir, die Stadt ohne finanzielle Verluste zu verlassen.

Der Tag nimmt seinen Lauf, ich habe noch keinen blassen Schimmer, wo ich übernachten werde. Ich weiß nur, dass ich am liebsten wieder draußen schlafen würde. In dem Ort Maihingen wähle ich die kürzere und nur kurz steile Strecke nach Hochaltingen. Hier frage ich eine Frau nach einer Bademöglichkeit in der Umgebung. Im nächsten Ort Fremdingen erweist sich ein Weiher, weit abseits von der Straße am Ortsausgang gelegen, wie für mich gemacht. Ich bade, ziehe frische Sachen an und lege mich diesmal ufernah mitten ins duftende Gras. Ein paar Jugendliche kommen vorbei, die auch baden wollen. Sie erzählen von „Zeit für Helden", einer Aktion, bei

der junge Leute innerhalb einer gewissen Zeit fürs Gemein-
wohl aktiv werden. Sie selbst richten einen Grillplatz her.

Wieder verlässt mich der Sommer nicht. Am nächsten
Morgen kitzelt mich die Sonne wach, die kleinen Schnecken,
die sich – wie schon am Rhein – angeschleimt haben, sammle
ich gleichmütig von Isomatte und Schlafsack. Ich hab' mich
daran gewöhnt.

Kapitel 17

Weihnachten im Hochsommer

An diesem Tag will ich Rothenburg ob der Tauber erreichen, die Stadt, in der immer Weihnachten zu sein scheint. Nach 73 Kilometern und fünfeinhalb Stunden wird mir dies gelungen sein. Doch nach dem Abschied am Morgen vom schönen Weiher komme ich die ersten zehn Kilometer schlecht weg. Die Ausschilderung am Ortsausgang von Fremdingen gibt Rätsel auf, und ich entscheide mich leider für die falsche Variante. Irgendwann stehe ich mitten im Wald vor einem Bauernhof. Es ist erst kurz nach neun Uhr am Sonntagmorgen, ich klopfe einen jungen Mann aus dem Bett, der mir freundlich den richtigen Weg weist. Zunächst geht's weiter mühsam voran auf Schotter und Sand, später wird's besser.

Ankunft in Dinkelsbühl – auch so eine Bilderbuchstadt. Ich bin jetzt mitten im Frankenland, das sich ja ganz und gar nicht als bayerisch versteht. Im urig-gemütlichen „Kaffeehaus" mache ich Pause, gönne mir neben einem Koffeinschub ein Stück leckeren Quarkkuchen. Er schmeckt köstlich – wie alles, was ich auf dieser Fahrt wegen kleinem Budget nicht regelmäßig in mich hineinstopfen kann. Im Kaffeehaus darf ich auch den Akku meines Handys aufladen. Überhaupt begegnen mir viele gutgelaunte Menschen beim Drahteselschieben durch Dinkelsbühl. Sie lächeln mir zu, winken, hupen.

Später, wieder auf dem Land, fülle ich bei einem Bauern meine Wasserflasche nach und dusche mich dabei in der sengenden Sonne. Die letzten Kilometer bis Rothenburg sind anstrengend, obwohl es bergab geht – bei 13 Prozent Gefälle –, denn es ist 35 Grad heiß, und der aufgeweichte Asphalt schmatzt unter den Reifen. In der Nähe von Dombühl begegnen mir nach langer Zeit mal wieder Menschen, die nicht Bayerisch oder Fränkisch reden: zwei Frauen aus Dresden. Bevor mir Rothenburg zu Füßen liegt, muss ich noch eine Steigung bewältigen. Ich bin kaputt. Plötzlich hält einige Meter vor mir ein Pkw. Darin sitzt die mir noch unbekannte Pensionswirtin Ruth Götz, die mich bepackte Radlerin als ihren Feriengast erkennt. Ich habe bei ihr eine Übernachtung für 23 Euro mit Frühstück gebucht. Frau Götz tuckert im Auto voran zu ihrer Pension.

Ich dusche, nutze die Gelegenheit zur T-Shirt- und Slip-Wäsche per Hand, steige in Rock und Sonnentop – und schon geht's mir besser. Heute gönne ich mir ein richtiges Abendessen. Ich laufe ins Stadtzentrum, entscheide mich für den „Bürgerkeller" in der Herrengasse, vor dem Tische und Stühle auf der Straße stehen. Der Touristenrummel spielt sich weiter weg ab, wo ich sitze, kann ich die Seele baumeln lassen, genießen und schmunzeln. Die Geschäfte, deren Eingänge mit Buchsbaumgirlanden und Lichterketten geschmückt sind, die Namen wie „Christkindlmarkt" tragen und Weihnachtsdekoration in Hülle und Fülle anbieten, wirken bei abendlichen 30 Grad reichlich unwirklich. Man wähnt sich im falschen Film.

Derweil labe ich mich an leckerem Altfränkisch Dunkel vom Fass und einem Rückensteak. Als ich den aufmerksamen Kellner zuvor frage, ob der Salat mit Mais, den ich nicht mag, angerichtet sei, antwortet er: „Kein Mais und keine Mäuse." Aha. Er serviert gleich noch eine Erklärung: Es hieße ja, dass sich über Geschmack nicht streiten ließe. Aber im Fränkischen heißt es: „Die Katz' mog Mais, i net!"

Nach dem guten Essen und einem Spaziergang durch die Altstadt schlendere ich zurück zur Pension, wo ich traumhaft schlafe. Bevor ich am nächsten Morgen Rothenburg verlasse, setze ich in einem Internetcafé noch ein Lebenszeichen an meine lieben Daheimgebliebenen ab. Und dann heißt es: Auf zu neuen Abenteuern!

In Bieberehren verlasse ich die Romantische Straße, die bis Würzburg führt. Ich wechsle auf den wunderschönen Gaubahn-Radweg entlang einer alten Bahnlinie. Auf dieser Trasse fuhren von 1907 bis 1992 Dampflokomotiven, seit 1996 können sich hier Radler abstrampeln. Vor mir radeln zwei Männer, sie sind mein „Navi", gleichwohl man auf dieser Strecke wirklich nicht vom Weg abkommen kann. Nur an einer Stelle ist es ein wenig unübersichtlich. Ich komme mit den beiden ins Gespräch, erzähle, dass ich auf dem Rückweg bin. Wie der Zufall es will, stammt einer der Männer vom Bodensee. Nach meiner Bodensee-Premiere steht das Fleckchen Erde auf meiner „Da-will-ich-unbedingt-nochmal-hin-Reiseliste" ganz oben. Der Mann empfiehlt mir einen kleinen Ort am Untersee.

Nach gut 25 Kilometern ist der Bahnradweg in Ochsenfurt zu Ende. In der Touristen-Info des Ortes weist mir ein freundlicher Herr die Richtung zum Main-Radweg. Auf ihm will ich weiter in Richtung Thüringen vorankommen. Ich mag die Radwege entlang von Flussufern nun mal am liebsten. Die Strecke mainaufwärts führt durch eine saftiggrüne Landschaft, ich fühle mich pudelwohl – und wieder reif für eine Übernachtung im Freien. In Kitzingen/Albertshofen findet sich wieder einen Platz wie für mich gemacht an einem See. Ich kann herrlich abtauchen und mich ausruhen. Als ich sauber und satt im Gras sitze, erreicht mich eine SMS vom lieben Kollegen Nikolaos Georgakis daheim. Es ist der 16. Juli 2007, mit seiner Liebsten macht er sich gerade auf den Weg zum Keith-Jarrett-Konzert in der Philharmonie Essen, wohin ich eigentlich mit wollte. Aber dann bekamen meine Reisepläne die Oberhand, und ich verkaufte meine Karte. Und überhaupt: Keith Jarrett?! Der geniale Musiker ist in diesem Moment ganz weit weg – wo ich am Seeufer sitze, einem Grillen-, Vogel- und Froschkonzert lausche und langsam die Dämmerung heraufzieht. Einziger Wermutstropfen an diesem Abend: Bei Kilometer 1842 bricht der Radständer ab. Bis zur Ankunft in der Heimat muss und wird es ohne gehen.

Am nächsten Morgen schwinge ich mich voller Elan aufs Rad, mit 117 Kilometern werde ich abends einen Etappenrekord verbuchen, den ich auf der Tour nur noch ein Mal überbieten werde. Fahren, fahren, fahren, das ist zurzeit das Wesentliche. Allein in den vergangenen fünf Tagen habe ich gut 430 Kilometer geschafft. Nicht schlecht, dafür, dass ich radle und nicht rase. Die Radfahrer, die fast auf dem Lenker liegen und meist mit verbissenem Gesicht pfeilschnell durch die Gegend düsen, sind mir ein Gräuel. Ich trete geruhsam, aber beständig in die Pedale, sauge den Sommer auf, kann mich am Getreide, das jetzt überall auf den Feldern gemäht wird, nicht satt riechen. Ich rede wenig, mein altes Leben ist weit weg. Nur ich und mein Hercules, die Besinnung allein darauf tut gut und entspannt. Ich verschwende keinen Gedanken an das, was war, oder das, was sein könnte. Nur das Jetzt zählt. Diese Tour lehrt mich, dass es gut ist, einfach mal alles laufen zu lassen. Dabei passieren die dollsten Sachen.

In Rannungen mache ich Pause, zische in einem Getränkemarkt mit Ausschank ein eiskaltes Radler. In diesem Moment meine ich, nie zuvor so etwas Köstliches getrunken zu haben. Gut 20 Kilometer vor Steinfurt begegne ich zwei Frauen. Wir kommen ins Plaudern. Neben der Straße blüht ein Sonnenblumenfeld, wie es Vincent van Gogh nicht besser hinbekommen hätte. Das schreit nach einem Erinnerungsfoto, was das reisende Duo auch gerne von mir schießt.

In Schweinfurt wechsle ich auf den Main-Saale/Main-Werra-Radweg, wo alles bestens ausgeschildert ist und prima funktioniert. Bad Neustadt soll dann am späten Nachmittag letzte Station auf der Suche nach einer Übernachtung sein. Ich will mich wieder im Freien in den Schlafsack kuscheln, aber auf der hilfreichen Radwegekarte für den Thüringer Wald und die Rhön ist weit und breit keine blaue Wasserfläche eingezeichnet. Und ich bin verschwitzt und verdreckt. Kurzentschlossen investiere ich 3,50 Euro für den Eintritt ins Schwimmbad, wo die Frau am Einlass mir erlaubt, mein Rad im Foyer abzustellen. Ich ziehe auf der Toilette meinen Badeanzug an, und ab geht's unter die Dusche und ins Bassin. Eine Wohltat nach dem langen Tag. Sauber und in frischen Sachen schwinge ich mich später wieder aufs Rad, kaufe bei Aldi ein und juckle aus der Stadt. Ich weiß immer noch nicht, wo ich zur Ruhe kommen werde. Dann – endlich! – werde ich bei, ich glaube, Oberstreu, fündig. Hier ist ein Spielplatz auf einer Wiese, dank Bäumen, Hecken und Büschen für neugierige Blicke nicht einsehbar. Und der Clou: Auf dem Gelände steht eine nach vorne offene Holzhütte. Hier fühle ich mich sicher. Meine Beine sind schwer, ich bin müde und reif für die Isomatte, die ich zunächst im Freien auf einem Rasenstück ausbreite und auf der ich bald in tiefen Schlaf versinke. Bis nachts um 3 Uhr, da wecken mich die ersten dicken Regentropfen, die Vorboten eines Sommergewitters. Ich raffe flugs meine Siebensachen zusammen und wechsle in die Hütte. Was bin ich froh, dass sie hier steht!

Kapitel 18

Im Schneckentempo zum Rennsteig

Der nächste größere Ort auf meiner Tour ist Mellrichstadt. Als ich morgens dort ankomme, habe ich noch nicht gefrühstückt. Zuhause lasse ich das Frühstück meist ausfallen, aber auf der Tour spendet es einfach schnell Kraft. Ich komme also an, die ein, zwei Cafés, die ich sehe, wirken nicht einladend. In einer Bäckerei kaufe ich schließlich ein Teilchen, ein Salzhorn und einen Kaffee zum Mitnehmen. Ich halte den mit kochendheißem Kaffee randvoll gefüllten Becher in der linken Hand, jongliere das Rad mit der rechten über die Straße. Das geht schief, denke ich noch, und schon klatscht der Becher aufs Pflaster. Mist. Ich bin genervt, tue so, als ob nichts passiert wäre, gehe einfach weiter, und ignoriere die Rufe einer älteren Frau, die mich bestimmt auffordern will, meinen Müll wegzuräumen. Das ist das einzige Mal, dass ich dies nicht mache. Ich stelle mich taub und blind. Tschüss Mellrichstadt, tut mir leid, das war nicht mein Pflaster.

Schließlich mache ich am Ortsausgang Pause, vor einem Supermarkt, an dessen Brotstand es auch Kaffee gibt. Hinter Mellrichstadt passiere ich eine Brücke über die A 71. Noch etwas über 100 Kilometer bis Erfurt, sinniere ich, in etwas über einer Stunde wäre ich mit dem Auto dort. Ach quatsch, kann ja jeder, fege ich diesen Gedanken zur Seite. Ich bevorzuge meine Variante: 125 Kilometer in 9,5 Stunden reiner Fahrzeit, verteilt auf zwei Tage.

Nun steuere ich auf meine ganz persönliche Grenzüberschreitung zu – von Bayern nach Thüringen. Ich bin gebürtige Thüringerin. Für mich war von Anfang an klar, dass die Radtour durch meine alte Heimat führen muss. Ich passiere Mühlfeld, den letzten Ort im ehemaligen Westen. Vor dem Berg im dahinter liegenden Schwickershausen war die

Zonengrenze. Ruck zuck bin ich „drüben". In Schwickers-hausen weist plötzlich kein Schild mehr den weiteren Weg. Ich frage eine Frau, die am Straßenrand steht, um Rat. Sie lädt mich spontan ein zum Kaffeetrinken in ihr Haus, das nur ein paar Meter entfernt steht. Marita Fickel heißt die gastfreundliche Frau, von Beruf Versicherungsmaklerin. Sie zeigt mir das Familienanwesen, das Grab von Kater Max im Garten und macht mich bekannt mit der höchst lebendigen Katze Maya, deren Miauen eher wie ein tierisch schönes Gurren klingt. Frau Fickel meint beim Abschied, dass ich ruhig weiter über die Landstraße fahren könnte. Früher sei der Verkehr hier dicht gewesen, aber jetzt fahren alle auf der A 71. Stimmt, die Landstraße ist leer gefegt wie ein Radweg morgens um 8 Uhr. Schönes Fahren. In Dillstädt, kurz vor Suhl, zeigt mein Kilometerzähler 2000 Kilometer an. Ich bin nur kurz beeindruckt, schnell muss ich mich wieder auf den Verkehr konzentrieren. Vor Suhl wird es stressig, viele Autos und Lkw sind – für meine Begriffe viel zu schnell – unterwegs.

Ich weiß nicht genau, wie ich von hier aus zum Gera-Radweg komme. Das Anfangsstück ist in meiner Karte sehr vage eingetragen. Dem traue ich nicht. Stoppe lieber vor der Touristen-Info, wo ich mir Aufschluss erhoffe. „Theoretisch könnten Sie so fahren", sagt ein junger Mitarbeiter. Auf Nach-fragen bekomme ich aus ihm raus, dass er nur Auto fährt und keine Ahnung von den Radwegen in der Umgebung hat. Nicht so schlimm, er bemüht sich dennoch, was man von seiner Kollegin nicht sagen kann. Sie rät mir, in der nahe gelegenen Buchhandlung eine Radkarte zu kaufen. Na toll. Ich schlucke meinen Ärger mit einer leckeren Thüringer Rost-bratwurst hinunter. Und die schmeckt wirklich echt, nicht wie das Zeug, das auch in mancher Ruhrgebietsstadt als Original verkauft wird.

Weil ich keine andere Idee habe, suche ich dann tatsächlich die Buchhandlung auf. Hier weiß eine nette Verkäuferin zumindest, in welche Richtung ich aus Suhl herausfahren muss. Goldlauter heißt der nächste Ort, in den ich mich mühsam hinaufquäle. Weil ich immer noch nicht weiß, wie ich mit dem vollbeladenen Rad am besten den Rennsteig erobere, laufe ich Gefahr, mich in der Prärie zu verfranzen. Erschöpfung macht sich breit. Ich drehe um, fahre zurück nach Goldlauter, wo ein Schild zum Forsthaus führt. Dem folge ich nun, bis ich vor einem wunderschönen, holzvertäfelten Gebäude in der Natur stehe. Lydia Hellmann kommt mit ihrer kleinen Tochter Ida an die Tür. Ihre Eltern sind verreist, sie will mich erst nicht aufnehmen. Ich erzähle ihr, wo ich herkomme und dass ich keine Kraft mehr habe. Sie telefoniert kurz mit ihren Eltern, und ich darf bleiben – für eine Nacht im Forsthaus, was 19 Euro kostet. Ich dusche und knabbere an ein paar Proviantresten, mehr geht nicht mehr an diesem Abend.

Am nächsten Morgen wache ich gegen 7 Uhr auf, genieße noch ein paar ruhige Minuten im schön bequemen Bett, schaue aus dem Fenster auf Bäume, in deren Geäst sich putzige Eichhörnchen tummeln. Ein guter Einstieg für den Tag, an dem mich Frau Hellmann noch zum Frühstück mit Töchterchen Ida und Lebensgefährten Martin Hambach einlädt. So ganz genau weiß sie das auch nicht mit dem Weg, „ich fahre sonst nur mit dem Auto". Also fahre ich einfach los, orientiere mich an den Schildern für Wanderer. Der Weg führt tief in den Wald, an der Köhlerhütte rufe ich in der Gemeinde Goldlauter an zwecks Wegweisung. Warum habe ich das nicht vorher gemacht??? Eine nette Frau erklärt mir den längeren, für mich besseren Weg zum Rennsteig. Nach gut 9 Kilometern Schieben bis auf 924 Höhenmeter mit einem gigantischen Blick ins Tal komme ich keuchend an der Suhler

Hütte an und quäle mich noch bis Schmücke. Unterwegs bestätigt mir ein ortskundiger Spaziergänger, dass dies der kürzeste und beste Weg sei. Ich kann's bis heute nicht so richtig glauben. Aber egal. Auch diese Höhe habe ich eingenommen.

Endlich kann ich nun wieder auf einem Radweg fahren, dem Gera-Radweg. Die Erleichterung hält aber nicht lange an. Ja, er ist gut ausgeschildert, mehr aber nicht. Die ersten Kilometer sind eine Zumutung. Der unbefestigte Weg führt über groben Schotter und ist stark vom Orkan Kyrill geschädigt, der im Januar 2007 durchs Land wütete. Große Äste liegen auf dem Weg, zerschnittene, gestapelte Baumstämme verengen ihn. An zwei Stellen sind Forstarbeiter mit schweren Maschinen bei Aufräumarbeiten im Einsatz. Ein sorgloser Genuss der Abfahrt ist unmöglich, weil gefährlich. Was gar nicht eingeplant war: Ich stoppe am schönen Waldgasthof Mönchhof inmitten von Buchen- und Fichtenwäldern. Ich bin einfach rastreif und genieße Rostbrätl auf Brot und ein kühles Alster. Rostbrätl ist ein typisches Gericht aus der deftigen Thüringer Küche: Flach geklopfte, zarte Schweinenackensteaks werden zunächst in einen Sud aus Bier, Zwiebelringen und Thüringer Born-Senf eingelegt, später ganz kross gebraten und wiederum mit gut gewürzten, geschmorten Zwiebeln belegt. Das Fleisch kann schlicht auf Brot oder mit Bratkartoffeln verspeist werden. Lecker!

Nach dieser Pause schwinge ich mich gegen 13.30 Uhr entspannt aufs Rad. Nun bin ich mir sicher, rechtzeitig nach Erfurt zu kommen. Dort lebt meine Freundin Mandy. Sie hat heute, am 19. Juli, Geburtstag, und ich will unbedingt persönlich gratulieren. Morgens rief ich ihren Lebensgefährten an und weihte ihn ein. Er war sprachlos, dass ich schon kurz hinter Suhl war. Anschließend klingelte ich bei Mandy an, gratulierte ihr und bedauerte, dass ich erst in der Nähe von

Schweinfurt sei… Nicht so schlimm, meinte sie. Die Hütte sei voll mit Besuch, und am besten würde es ihr am Sonntag passen. Ja, ja, sagte ich in mich hinein grinsend, wohl wissend, dass ich der Frau, die alles und jeden so gerne auf den Punkt verplant, einen Strich durch die Rechnung machen werde.

Nach einer verfahrenen Runde in Geraberg komme ich in Richtung Angelroda wieder auf Kurs. Hier zeigt sich der Gera-Radweg in seiner ganzen Pracht. Er ist zwar nicht asphaltiert, aber dennoch gut zu fahren und sehr schön entlang der Gera gelegen. Ich lasse Plauen und Arnstadt hinter mir, höre so vertraute Ortsnamen wie Molsdorf, Möbisburg, Stedten. Und dann Erfurt, wo meine Freundin lebt. Schnell noch eine Sonnenblume gekauft, deren Preis ich lieber verdränge, und dann biege ich um die Ecke des Hauses, in dem das Geburtstagskind wohnt. Klingelingeling – und Mandy weiß in diesem Moment, dass man manchmal eben nicht alles unter Kontrolle hat. Wir feiern ihren Geburtstag zunächst in kleiner Runde. Am nächsten Tag ist große Party, auf der auch ich meinen Geburtstag feiere. Die weiteren Tage im schönen Erfurt werden ebenfalls turbulent. Sind sie zunächst vom Feiern geprägt, machen wir am Sonntag mit dem Auto einen Ausflug nach Oberhof. Das ist nur wenige Kilometer von meiner Aufstiegsstelle entfernt. Diesmal sitze ich bei der Bewältigung der Steigung zum Glück im Auto. „Mein lieber Scholli", denke ich, „das hast du mit dem Rad geschafft…"

Am Montag kehrt für meine Freunde wieder der Alltag ein. Mandy ist selbstständige Friseurmeisterin. An mehreren Vormittagen pro Woche, so auch an diesem Montag, bietet sie ihre Dienstleistung im Altenheim an. Mein Wecker klingelt um 6.30 Uhr, gegen 8 Uhr fahre ich mit dem unbeladenen Rad bei der Agentur für Arbeit vor. Von der Arbeitsagentur in Essen weiß ich, dass dort früher kurzfristig Jobs für einen Tag für Tagelöhner angeboten wurden. Vielleicht bietet der

Job-Service in der Erfurter Agentur so etwas auch. Ich klopfe an die Tür und gehe in ein Zimmer, in dem zwei Frauen mit „Sie stören!"-Gesichtsausdruck sitzen. Ich bringe trotzdem mein Anliegen vor. Einen Job gibt's nicht, aber den Tipp, mal die Gärtnereien in Erfurt-Mittelhausen abzuklappern. Erfurt gilt ja als Blumenstadt.

Bevor ich mich dorthin auf den Weg mache, probiere ich es bei verschiedenen Adressen im Stadtzentrum: in einem Eiscafé, wo ich zumindest meine Telefonnummer dalassen soll, in einer Drogerie, einem anderen Café, sogar bei einem Personaldienstleister. Nix zu machen. Und leider reagieren fast alle ziemlich abweisend und misstrauisch, als wollte ich ihnen etwas wegnehmen. Allerdings, das sei fairerweise erwähnt, weist ja rein optisch diesmal nichts auf mein „Anders-Unterwegs-Sein" hin: Das Rad ist nicht bepackt, ich fahre gut erholt und gepflegt in Rock und T-Shirt durch die Gegend. Das sieht nicht nach Abenteuertour aus.

Ich steuere trotzdem Mittelhausen an. In der Gärtnerei Nummer vier reagiert endlich mal ein Chef aufgeschlossen. Er braucht Hilfskräfte für den Chrysanthemenschnitt – leider erst in der Woche darauf. Schade. Ich fahre über die Magdeburger Allee zurück in die Stadt. Jetzt nehme ich meine Job-Suche nicht mehr ernst, frage sogar im Beate-Uhse-Laden nach. An der „Goldbroiler Bar" komme ich dann einfach nicht vorbei und stärke mich mit einem knusprigen Vogel. Hm, der Broiler schmeckt lecker – so, wie früher in der DDR? Ich weiß es nicht mehr, kann nicht mehr vergleichen. Wozu auch. Auf dem Rückweg komme ich an einem Geschäft vorbei, das nicht in jeder beliebigen Ladenkette zu finden ist. Es heißt „Goldener Ring" und bietet russische Spezialitäten an. Hier gibt's Kaviar, Pelmeni (gefüllte Teigtaschen), Matrjoschkas, Konfekt, Krimsekt, Wodka, Schmuck, ebenso wie Obst und Gemüse. Der freundliche Inhaber, ein Wolgadeutscher, hat aber auch keine Arbeit für mich.

Jobben in Thüringen, das sollte wohl nichts werden. Nach einem weiteren Ruhetag schwinge ich mich am Mittwoch, 25. Juli, morgens wieder aufs Rad. Ich fahre auf den Thüringer Städtekette-Radweg, Richtung Gotha und Eisenach. Ich habe mir vorher sicherheitshalber die Ortsnamen notiert, die ich passiere, aber der Weg ist prima ausgeschildert. Bevor ich mich richtig darüber freuen kann, komme ich schon in Neudietendorf, das ist noch nicht weit von Erfurt weg, ins Grübeln. Ein Richtungspfeil an einer Kreuzung ist nicht eindeutig, ich frage vorsichtshalber zwei Einheimische, darunter eine Radfahrerin, nach dem Weg. Sie schicken mich leider in die falsche Richtung, ich lande schließlich auf der B 7 nach Gotha. Zum Umdrehen bin ich zu bequem, begebe mich stattdessen in Lebensgefahr und hoffe inständig, dass vor allem die an mir vorbeidonnernden Lkw schön Abstand zu mir halten. Hinzu kommt ein erbarmungsloser Gegenwind, der die Fahrt zusätzlich erschwert. Später, wieder auf dem Radweg, fahre ich ein Stück parallel zur A 4. Witzig, dort trete ich sonst im Auto aufs Gaspedal. Weiter geht es durch einige Dörfer, bis ich in Eisenach ankomme. Es liegen nur 65 Kilometer hinter mir. Aber das reicht völlig. Die fünf Tage Ruhe und gutes Essen und Trinken in Erfurt machen sich tatsächlich bemerkbar. Ich muss erst wieder in Tritt kommen.

In den vergangenen 15 Jahren bin ich oft auf der Autobahn an Eisenach vorbeigerauscht. Nun stehe ich erstmals wieder bei strahlendem Sonnenschein mitten im Zentrum und staune, wie liebevoll die historische Innenstadt saniert wurde. Hier will ich mich umsehen und beschließe zu bleiben. Eine Mitarbeiterin in der Touristen-Info findet für mich eine Übernachtung für 16 Euro. Ich fahre gleich in die Pension, wo mich der Inhaber Manfred Heyder begrüßt. Als ich mein Zimmer beziehe, meine ich, von einer Zeitmaschine in die Vergangenheit gebeamt worden zu sein. Hier strahlt alles in original DDR-Ambiente: Möbel in allen Brauntönen, die es so nur in Honnis Welt gab, Sprelacard-Oberflächen, ein Fernseher Marke RFT Colorett, im Bad eine Dusche mit eingebautem Warmwasser-Boiler und Pumpe, wie ich sie zuletzt in DDR-Zeiten auch in meiner Wohnung in Erfurt stehen hatte. Ich komme aus dem Staunen nicht heraus. Und alles ist picobello sauber und bestens erhalten.

Abends gehe ich preiswert essen und schlendere später am lauen Sommerabend durch die Straßen. Am nächsten Morgen spendiert der nette Herr Heyder Kaffee, und dann lasse ich den Osten hinter mir.

Kapitel 19

Unter Menschen und Eseln

Der Sommer meint es weiter gut mit mir, ich bin jetzt auf dem Herkules-Wartburg-Radweg unterwegs, der bis Kassel führt. Noch einmal zurückgeschaut, mit Blick auf die altehrwürdige Wartburg – und los geht's. Ich mit meinem Hercules-Rad auf dem Herkules-Radweg – was soll da schief gehen? Aber nicht nur deshalb bin ich von diesem Weg begeistert: Er ist asphaltiert, führt mitten durch Wald, später meist Wiesen und eine Hügellandschaft. Eine bizarre Szenerie bietet der Ort Hörschel, wo eine wunderschöne Kirche steht und im Hintergrund die auf hohen, dicken Betonpfeilern gebaute A 4 in den Himmel wächst.

Das Verkehrsrauschen auf der Autobahn, das mich ans Ruhrgebiet erinnert, verebbt allmählich. Vogelzwitschern, Bienensummen, Grillenzirpen, Sonnenblumenfelder bekommen wieder die Oberhand im Auenland. Nur der mahnende, ehemalige Grenz-Wachturm auf einem Hügel in der Ferne erinnert an frühere Zeiten. Einmal mehr wird mir bewusst, was mir alles Wunderbares im geteilten Land vorenthalten wurde. Ich pfeif ein Lied, trete in die Pedale und bin froh, dass mich keine Grenze mehr aufhält. In diesem Moment fühle ich mich wie Hans im Glück – und werde vor mir, ich bin längst in Hessen, einen Wanderer gewahr. Sein Rücken ist mit Rucksack und Isomatte bepackt, in der rechten Hand führt er einen Wanderstab, und seine muskulösen, strammen Waden deuten darauf hin, dass das hier kein Spaziergang für ihn ist. Über 2000 Kilometer hat es gedauert, bis ich einem Pilger begegne. Er heißt Bernd Hornaff, ist vor zwei Tagen in Eisenach losgegangen. Sein Credo: „Der Weg ist das Ziel." Der auf naturgemäße Lebensberatung spezialisierte Wanderer sagt: „Ich bin ein Lichtarbeiter, ich will noch was auf der Welt bewegen." Und schon packt er eine geweihte Klangschale und Schlegel aus und gibt ein kleines Konzert für mich. Adieu, und guten Weg.

In Waldkappel mache ich am Nachmittag Pause, kaufe im Supermarkt ein Radler und komme beim Trinken mit dem Inhaber ins Gespräch. „Wir waren früher Zonenrandgebiet, heute sind wir in der Mitte Deutschlands – und trotzdem am Arsch der Welt." Seit 46 Jahren arbeite er, in zwei, drei Jahren wolle er aufhören. Und dann sagt er einen Satz, der mich schlucken lässt: „Als die Mauer stand, war es besser hier. Durch den Grenzübergang Herleshausen war hier viel Betrieb." Und außerdem habe es da noch die Zonenrandförderung gegeben. Die Ost-West-Debatte wird mich auf meiner Tour noch mal einholen.

Ich komme in Walburg an, das liegt kurz vor Hessisch Lichtenau. Die Hitze hat mich geschafft. Ich stehe an einer Kreuzung, die Unterarme auf den Lenker gestützt. Da kommt eine Frau und fragt: „Nach rechts oder links?" Ich antworte: „Ich kann nicht mehr." Sie wendet sich nicht ab und geht nicht ihrer Wege. Sie erklärt mir, wo sie in Walburg zuhause ist und schickt mich dorthin. „Lassen Sie sich von meinem Mann nicht wegschicken, und die Hunde sind Hütehunde, die fressen Sie nicht", gibt sie mir noch mit auf den Weg.

Ich finde den Wohnsitz schnell, er liegt außerhalb des Ortes auf freiem Land. Drei Männer sind da, die sich um einen neuen Schornstein kümmern. Um nicht tatsächlich als neugierige Fahrradtouristin verscheucht zu werden, berufe ich mich auf die Begegnung mit der fremden Frau und auf das, was sie gesagt hat. Und von da an ist für ihren Mann meine Anwesenheit völlig okay. „Auch ein Bier?", fragt er. Nein, später. „Dann ist's alle." Okay, doch ein Bier. Ich erzähle, dass ich vom Bodensee hierher geradelt bin. Der Hausherr stammt von dort. Das bietet Gesprächsstoff. Aber plötzlich, simsalabim, reden wir auch hier über Ost-West-Konflikte. „Warum war das denn eine friedliche Revolution im Osten? Klar, jeder hatte Dreck am Stecken, und alle verhielten sich ruhig", ist er sich sicher. Er habe sich viele Gedanken gemacht und erinnert sich noch gut an die „Trabi-Invasion" 1989. „Das war ein gutes Auto, nur die Bremsen waren schlecht." Er hatte selbst einen Trabi. „Wenn ich damit nach Kassel gefahren bin, wurde ich als Ossi beschimpft." Den Unmut vieler Wessis auf die Ossis kann er nachempfinden: Für sein Glück und seinen Wohlstand müsse jeder Mensch selbst etwas tun – nicht auf Kosten anderer, also auch nicht nur auf Kosten der Wessis.

Schließlich hat er auch mal klein angefangen. Er wohnt mit seiner Familie in einem alten Bahn-Depot, das sie vor über 20 Jahren gekauft hat. Es ist nicht übertrieben, wenn er sagt: „Alles ist etwas anders als bei anderen, aber das ist unsere Freiheit." Alles fing ganz einfach an in einem Wohnwagen, ohne Strom, „das Wasser in der Wanne haben wir mit dem Bunsenbrenner erhitzt". Später zogen sie um in den Gebäudetrakt, der neben der Wohnung einen Stall beherbergt. Hier stehen die Tiere des Schäfers. Und das Gelände draußen, mit ausrangierten Bahnwaggons, einem Silo, Bauwagen und jeder Menge Gerätschaften, gäbe eine prächtige Kulisse für einen alten Western ab. Hier ist wirklich alles anders.

Seine Ehefrau hat derweil Fleisch für den Grill eingekauft. Wir sitzen draußen und lassen es uns schmecken. Die gastfreundliche Frau mit Organisationstalent weiß auch schon, wo ich übernachten kann: bei ihrer Nachbarin Marita Härtel. Dort bringt sie mich nach dem Essen hin. Das schöne Haus steht mitten im Grünen. Die gebürtige Dortmunderin hat es Mitte der 80er Jahre ins Hessische verschlagen, und seit

1991 wohnt sie in dem Haus, mit ihr ihr Mann Klaus Leu-
kefeld. Außerdem hat sie sechs Hektar Land von der Kirche
gepachtet für ihre tierischen Mitbewohner, die ich am nächsten Morgen kennen lernen werde. Ich kann mir aussuchen,
wo ich die Nacht verbringen will: im Haus oder draußen im
Bauwagen. Natürlich im Bauwagen. Lila und mit Mond und
Sternen angemalt, steht er auf der bunten Wiese hinterm
Haus. Er ist wohnlich und mit einem Bett eingerichtet, ich
lasse die Tür auf. Gute Nacht!

Der nächste Morgen beginnt mit einem Kaffee, was ich
sehr genieße. Jetzt kann ich den tollen verglasten Winter-
garten bestaunen, der sich ans Wohnzimmer anschließt und
einen fließenden Übergang raus in die Natur schafft. „Den
habe ich für 500 Euro bei eBay ersteigert", freut sich Frau Härtel immer noch über das Schnäppchen. Sie steht auf schöne
Dinge, nicht auf teuren Krempel, den kein Mensch braucht.
Sie lebt entspannt nach ihren Bedürfnissen – ja, auch preis-
orientiert, was ganz und gar nicht geizig bedeutet –, und sie
ist umweltbewusst. So stöbert sie im Sperrmüll nach Sachen,
die noch in Ordnung sind, und das Wasser fürs tägliche Leben
kommt aus einem Brunnen. Als einmal Besuch aus der Groß-
stadt kam, der großzügig-verschwenderisch das Nass ver-
brauchte, klebte sie auch schon mal die Wasserhähne ab.

Es ist Zeit für die Tiere. Marita Härtels Anwesen ist eine
Art Arche Noah. Hier leben die Eselin Bonny und deren drei
Töchter, hier steht Pferd Tobi auf der Weide, Eber Egon und
Sau Klothilde gehören der Streichelschwein-Herde an, hier
gackern Hühner und Puten, die Katzen Flip und Flop sind
hier zuhause. Marita liebt ihre Esel. Und das Sprichwort „stur
wie ein Esel" stimme schon mal gar nicht. „Das sind Gebirgs-
tiere, die sich jeden Schritt überlegen, keine Fluchttiere wie
Pferde." Na ja „wir spielen auch schon mal das Spiel ‚schieb-
und-zieh-den-Esel', aber stur, nein…" Ganz wichtig sei, dass

sie allein wohne, ohne Nachbarn ringsherum. So gäbe es keinen Stress wegen der vielen Tiere. „Wir gehören sowieso nicht dazu", sagt die Zugereiste trocken.

Und nachdem die Tiere gefüttert und die Menschen mit einem zweiten Kaffee versorgt sind, drehen wir eine Runde mit den Hunden Leika und Jule. Inzwischen weiß ich, womit Marita ihren Lebensunterhalt verdient. Sie ist Erzieherin in einem Internat für lernbehinderte Jugendliche im nahen Hessisch Lichtenau. Und dort steht ihr Campingbus hinterm Haus. Ungenutzt. Da könnte ich doch heute übernachten, schlägt sie vor. Ich schlage dieses Angebot auf keinen Fall aus.

Während sie zur Arbeit fährt, treffe ich gegen 10 Uhr wieder bei der Nachbarsfamilie ein. Auch hier duftet es nach frischem Kaffee, dann nimmt sich der Schäfer Zeit für eine Betriebsbesichtigung im Grünen. Wir fahren zum Weideland für seine Schafe und über ein früheres Truppenübungsgelände der Bundeswehr. Zeit zum Plaudern. Der gelernte Landwirt arbeitete früher auch mal als Betonbauer. Sein Opa hatte ein Unternehmen. Das Geschäft mit Bodenproben und Stoffanalysen führte die Familie in die weite Welt: nach Namibia, Libyen, Iran, die Arabischen Emirate. Und dann Schäfer – „die Wolle ist nicht mehr gefragt, und die Fleischpreise schwanken wie eine Wundertüte. Man weiß nie, was drin ist." Ist er trotzdem froh, Landwirt geworden zu sein? „Jetzt, wo ich älter werde, grüble ich manchmal", sagt der Mann von Anfang fünfzig. „Im Labor hätte ich viel Geld verdient."

Zurück zum Bahndepot, wo seine Frau ein leckeres Mittagessen gekocht hat. Dann packe ich mein Rad, sage Tschüss und radle ins nahe gelegene Hessisch Lichtenau, wo mir heute eine Übernachtung sicher ist. Walburg werd' ich nicht vergessen.

Nachdem ich mich in Hessisch Lichtenau in Maritas Campingbus eingerichtet habe, erkunde ich den Ort. Abends sitzen wir im Internat noch mit ein paar Jugendlichen zusammen. Marita weiß, dass ich am nächsten Tag bis Kassel will. Da kennt sie jemanden, der auf dem Künstlermarkt bei der Documenta gerade mit einem Stand steht. Vielleicht ergibt sich ja eine Übernachtungsmöglichkeit... Diese Frau ist unglaublich – hilfsbereit, gastfreundlich und vertrauensvoll. Eine echte Menschenfreundin.

Kapitel 20

Mohn-süchtig in Kassel

Es regnet in Strömen, als ich morgens in Hessisch Lichtenau aufbreche. Seit langem muss ich mal wieder den Regenmantel überstreifen. Trotzdem genieße ich die Tour bis Kassel, der Herkules-Radweg, der weiterhin perfekt ausgeschildert durch eine schöne Gegend führt, enttäuscht mich bis zum Ende nicht. In Kassel angekommen, warte ich in den Arkaden einer Geschäftszeile zunächst ein heftiges Gewitter mit Platzregen ab, anschließend strahlt die Sonne wieder vom blankgeputzten blauen Himmel. Das ist ein Nachmittag im Juli mit Aprilwetter.

Zunächst führt mich mein Weg wieder schnurstracks zur Touristen-Information. Ich will schon mal vorfühlen, wie ich am besten aus Kassel hinausradeln werde, wovon ich noch keinen Plan habe. Und ich frage die beiden jungen Männer am Tresen auf den Kopf zu, ob sie mir eine Radwegekarte kostenlos überlassen würden. Nein, die müssten sie vorher selbst kaufen. Und wenn sie sich den Preis von 6,80 Euro teilen? Das sei eher schlecht, sie seien Aushilfen. Im Rückblick weiß ich nicht mehr, wer oder was mich damals geritten hat, so unverschämt zu sein. Mir ist am Ende allerdings fast keine Frage und Bitte mehr peinlich. Vielleicht nagte auch Angst an mir, weil ich nur noch rund 70 Euro in der Reisekasse hatte. Das Geplänkel geht noch hin und her, die Jungs wollen mir eine andere, total veraltete Karte schenken, was ich dankend ablehne, bis ich die Faltkarte für Radwege in Kassel und Umgebung für 6,80 Euro dann kaufe. Ich möchte gerne noch einen Lageplan zur Documenta, die in Kassel gerade läuft. Aber der ist gerade nicht vorrätig …

Schimpfend ziehe ich Leine – und los zum Handwerkermarkt, wo ich Maritas Bekannten Stefan Euler und seinen

Stand finden will. Erst als ich bei Marita noch mal per Handy anklingle und nach optischen Merkmalen frage, werde ich fündig. Ich stelle mich Stefan vor, erzähle ihm von meiner Tour und von Marita – und er empfängt mich, als ob er mich erwartet hätte. Er und seine Freundin Petra Pütz betreiben auf dem Markt einen schönen Stand mit Edelsteinen, Schmuck und diversen Artikeln aus Filz. Klar dürfe ich im überdachten Marktstand schlafen, allerdings leckt das Dach aus Jute-Decken schon an einer Stelle. Mein Rad kann ich auf dem Markt abstellen. Wir verabreden uns für den Abend und wollen zu „Rock gegen Rechts" gehen.

Nun habe ich Zeit, Kassel zu entdecken. In der Innenstadt auf dem Friedrichsplatz blüht roter Klatschmohn auf riesigen Feldern. Es mutet komisch an, wie sich alle darauf stürzen und mit ihren Kameras vor den Blumen in die Knie gehen. In echt in der Natur ist das alles noch viel üppiger und schöner, möchte ich den Blumenbeet-Bummlern zurufen. Und werde doch auch heftig Mohn-süchtig, so dass ich eine Frau bitte, mich in dem Blumenmeer zu fotografieren. Es entsteht ein Foto, das für mich zu einer der schönsten Tour-Erinnerungen wird.

Ich schlendere weiter. „Gnädige Frau, haben Sie wohl ein paar Euro für mich?", fragt mich höflich ein Mann. „Nein, ich brauche selbst welche", antworte ich. Allerdings fehlt mir zum Jobben inzwischen die Kraft, allmählich machen sich die über 2000 Kilometer bemerkbar. Aber bis nach Hause liegen noch rund 350 Kilometer vor mir. Während ich mich solch düsteren Gedanken hingebe, laufe ich auf die Lösung meines Problems zu. Das „Free Mobil", ein mit Graffitis besprühter Wohnwagen, steht am Friedrichsplatz. Margret Jany und ihre Mitstreiter von der überkonfessionellen christlichen Drogeninitiative verteilen Lebensmittel und schenken Kaffee aus an Junkies, Berber und andere Menschen von der Szene.

Ich halte zunächst noch Abstand, schaue zu, traue mich erst nicht, nach Lebensmitteln, die von der Kasseler Tafel sind, zu bitten. Ich bin ja nicht ernsthaft bedürftig. Doch dann gebe ich mir einen Ruck und frage. Eine Mitarbeiterin packt mir eine Tüte voll mit Baguette, verschiedenen Brötchen, Kiwis, Gurken, Äpfeln, sogar eine Papaya ist dabei. Ich zahle dafür symbolisch 50 Cent und fühle mich steinreich. Alles schmeckt köstlich, und die Vorräte reichen ein paar Tage. Meine blöden kleinlichen Geldsorgen vom Nachmittag sind verflogen, ich kriege das schon hin bis zur Heimkehr.

Zurück zum Marktstand und zu Petra und Stefan. Weitere Regenschauer im Verlauf des Nachmittags haben dem Stand zugesetzt. Das Paar erlaubt mir deshalb, in seinem Laden „archaic-arts" in Kassel zu übernachten. Ich bin happy. Die beiden erwägen, am nächsten Tag vor dem miesen Wetter zu kapitulieren. Also müssen alle Waren eingepackt werden. Als alles verpackt ist, fahren wir zum Geschäft der beiden in der Friedrich-Ebert-Straße, die nur wenige Kilometer entfernt liegt. Petra und Stefan tuckern vor mir her, doch kurz vorm Ziel gerate ich mit dem Vorderreifen in eine Straßenbahnschiene und stürze. Ich rapple mich auf, mein rechter Knöchel tut weh, aber sonst ist nichts passiert. Und hinein in „archaic-arts". Das Geschäft wirkt wie ein Ort aus 1000 und einer Nacht. Ob Malachit, Aquamarin, Saphir, Onyx, Rosenquarz – Edelsteine über Edelsteine funkeln in den verschiedensten Farben in Körben und Schalen, in Vitrinen ist schöner Schmuck ausgestellt. Eine Waschmaschinentrommel ist mit Filz bespannt und dient als Tisch, auch die mit buntem Filz verkleideten Stühle sind ein Zeichen dafür, wie gut Petra dieses Handwerk beherrscht.

Ich bin begeistert von meiner nächtlichen Bleibe – und von Petras und Stefans Vertrauen und Gastfreundschaft einer wildfremden Frau gegenüber. Das Paar lebt auf einem

Bauernhof in Zierenberg in der Nähe von Kassel. Petra ist Kunsttherapeutin und Ergotherapeutin und arbeitet in einem Therapiezentrum und Wohnheim für behinderte Menschen. „Wir helfen behinderten Menschen", sagt Petra, „wir sind der verlängerte Arm ihrer Wünsche." Stefan arbeitet beim Verein FAB, was die Abkürzung für die „Förderung der Autonomie Behinderter" ist.

Ich schaue mich weiter um im Laden: Im hinteren Raum steht eine Liege, auf der ich herrlich bequem schlafen werde, auch Toilette und Waschbecken sind vorhanden. Stefan und Petra erklären mir noch die hypermoderne Kaffeemaschine, übergeben mir den Schlüssel fürs Geschäft und wünschen mir eine gute Nacht. Denn zu „Rock gegen Rechts" gehen wir dann doch nicht, weil es so spät geworden und das Wetter schlecht ist.

Als ich am nächsten Morgen aufwache, hat der Himmel alle Schleusen aufgemacht. Ich spreche meinen Gastgebern auf die Mail-Box und frage, ob ich eine weitere Nacht bleiben darf. Ich erreiche sie nicht, aber mein Gefühl sagt mir, dass das okay ist. Es regnet den ganzen Tag, ich bestaune nun bei Tageslicht die schönen Steine, ruhe mich aus, entdecke später ganz in der Nähe ein Internetcafé, in dem ich das letzte Lebenszeichen auf meiner Tour an die lieben Daheimgebliebenen absetze.

Kapitel 21

Berg- und Talfahrt

Früh am nächsten Morgen lasse ich Kassel hinter mir. Ich entscheide mich für die Weiterfahrt auf dem Hessencourrierweg, für den ich allerdings keine Karte habe. Ich bin also auf die Ausschilderung angewiesen, die ebenso wie das Logo für den Weg leider leicht zu übersehen sind. Anfangs klappt alles gut, aber irgendwo hinter Altenbauna komme ich vom Weg ab. Das dauert mir alles zu lange, und das Verfahren ist Radlers größter Frust. Ich wechsle radikal auf die Bundesstraße 520. Meine anfängliche Riesenangst verfliegt bald, der extrem heftige und kalte Gegenwind leider nicht. Ich wechsle auf die B 450 nach Wolfhagen. Dort mache ich Pause in einem Café, wärme mich auf und denke, was der Erwerb der Radkarte in Kassel für sagenhafte 6,80 Euro doch für eine Fehlinvestition war. Ich fasse mein heutiges Ziel Bad Arolsen ins Auge. Dafür muss ich vorher kräftezehrende Steigungen bewältigen, Regen, Kälte und Wind ertragen. Jetzt weiß ich, warum hier in der Gegend so viele Windräder stehen. Draußen übernachten fällt aus.

Als ich in Bad Arolsen, in der Nähe des Twistesees, ankomme, bin ich mit dem schlechten Wetter versöhnt. Nicht so mit den Bergen, es liegen ja auch noch etliche vor mir. Die imposante Barockresidenz bietet einen herrschaftlichen Empfang, Fachwerkidylle, originelle Geschäfte und eine wohlig-gemütliche Atmosphäre prägen das Heilbad. Hier erlebe ich bei der Touristen-Info wieder besten Service. Eine Mitarbeiterin vermittelt mir eine Übernachtung mit Frühstück für 16 Euro auf dem Bauernhof von Herbert Simon. Ich beziehe einen regelrechten Saal, denn das gemütlich eingerichtete Zimmer ist rund 25 Quadratmeter groß. Ich darf sogar das Rad darin abstellen. Und es gibt eine eingebaute Küchenzeile, die ich unbedingt nutzen will. Ich radle also nochmals los zum Einkaufen, schiebe später ein Nudelfertiggericht in den Backofen und mache mir einen Obstsalat.

Am nächsten Morgen beglückt mich ein üppig gedeckter Frühstückstisch, auf dem auch leckere Wurst aus eigener Schlachtung steht. Die Hausherrin Else Simon setzt sich für ein paar Minuten zu mir, sie hat ein Händchen fürs Aufpäppeln frustrierter Radler. Sie ist 75, und mit ihrem tiefschwarzen Haar – sie hat nur ein bisschen nachgeholfen… – sieht die rüstige, freundliche Frau glatt zehn Jahre jünger aus.

Bei den Simons stehen 170 Tiere im Stall, davon 70 Milchkühe. Die Familie hat 500 Morgen Land. Gerade ist eine Diskussion zur Verteuerung der Milch in aller Munde. „Wir kriegen einen Cent mehr, aber den haben wir noch nicht", sagt Frau Simon ohne weiteren Kommentar.

Ich darf mir Brote für unterwegs schmieren, und erst gegen 9.30 Uhr bin ich wieder auf der Piste. Ich lasse es ruhig angehen, weil meine heutige Übernachtung schon klar ist. Im schönen Fachwerkhaus von Heide-Marie Cammans in Brunskappel im Sauerland ist ein Bett für mich frei. Doch dazu später mehr. Jetzt muss ich mich erst einmal darauf einstellen, dass eine Tagestour mit heftigen Steigungen vor mir liegt. Frau Simon bestätigt dies beim Abschied vom Bauernhof. Gleich am Ortsausgang zwingt mich ein langgezogener Berg vom Rad, es wird nicht der letzte sein. Wahrscheinlich bei Vasbeck in Richtung Adorf, ich weiß es nicht mehr genau, liegt ein angefahrenes Kätzchen mitten auf der Fahrbahn. Es versucht, sich aufzurappeln, torkelt, fällt wieder hin. Ich steige ab, werfe mein Rad in den Straßengraben und laufe zu nahe stehenden Häusern. Keiner kennt die Katze. Ich laufe zurück, fange an zu heulen, wie schon mal vor kurzem an einer miesen Steigung. Die Tränen zeigen mir, dass sich die

Berg- und Talfahrt allmählich auch emotional auswirkt. Ich bin reif für zuhause.

Aber vorher hält bei der verwundeten Katze eine junge Frau. Sie hebt die Katze vorsichtig auf, legt sie auf den Vordersitz ihres Autos und fährt los – schnurstracks zum Tierarzt, hoffe ich sehr. Wenige Meter weiter liegt ein toter Fuchs, dahinter eine tote Katze. Ich bin wütend auf die Autofahrer, die hier auf der Landstraße wie der Teufel rasen. Aber ich habe mich für diese Weg-Variante entschieden, weil ich schnellstmöglich und ohne Umwege den Ruhrtal-Radweg erreichen will.

Mein Weg führt weiter zum Diemelsee. Bei der langen Abfahrt dorthin rufe ich laut „Juhu!", denn ich bin soeben in NRW eingefahren. Ich mache am Seeufer halt, es ist wunderschön hier. Meine Freude ist jedoch gedämpft. Ich weiß, dass nach dieser tollen Abfahrt der Weg ins Sauerland nur über Berge führen kann. Und über was für welche. Den nun folgenden Anstieg von Bontkirchen nach Hoppecke nehme ich persönlich, fünf Kilometer mit 13 Prozent Steigung liegen vor mir. In brütender Hitze. An Fahren ist nicht zu denken. Ich schiebe in Abschnitten, zähle dabei bis 30, manchmal komme ich bis 50. Ich bade in meinem Schweiß, konzentriere mich auf den Weg. Je höher ich gelange, desto toller wird immerhin die Aussicht ins Land. An einer Stelle bahnt sich wunderbar der blaue Diemelsee seinen Weg durch die Berge.

Den Moment, als ich auf die 13 Prozent Steigung herabschauen kann, koste ich aus. Ein Einheimischer weist mir den weiteren und kürzeren Weg über „Brilon Wald". Dann komme ich in Olsberg an, und die paar Kilometer bis Brunskappel schaffe ich auch noch. Am Vortag, als ich in Bad Arolsen Station machte, fiel mir plötzlich ein, dass ich Heide-Maria Cammans, die ich aus Essen kenne, um eine Übernachtung bitten könnte. Ich rief sie an. Erst am Vortag war sie mit ihrem Mann nach fünf Wochen aus Brunskappel abgereist – zurück nach Essen, wo sie wohnt. Ich könne dennoch selbstverständlich bei ihr unterkommen. Sie gab gleich nach unserem Gespräch ihren Nachbarn in Brunskappel Bescheid.

Dort kaufte sich Frau Cammans vor ihrer Pensionierung im Jahr 2003 ein altes, sanierungsbedürftiges Fachwerkhaus, das sie mit viel Eigenarbeit, Kraft und Liebe in einen wunderschönen Alterswohnsitz verwandelte. Sie war die langjährige Leiterin der „Sekten-Info Essen", einer religiös und weltanschaulich neutralen Beratungsstelle, die zum Beispiel auch Scientology-Aussteiger berät. Als Redakteurin habe ich oft mit ihr Interviews zu verschiedenen Themen geführt. Der Draht zwischen uns riss auch nach ihrer Pensionierung nicht ab. In ihrem Haus eröffnete Frau Cammans 2004 dann eine private Praxis für von Sekten, Psychogruppen, esoterischen und anderen Bewegungen betroffene Menschen und Angehörige. Und nun darf ich mich hier von den Strapazen der Tagestour ausruhen und allen Komfort, den das Haus bietet, nutzen. Ich falle abends nach einer ausgiebigen Dusche wie ein Stein ins Bett. Am nächsten Morgen fühle ich mich aber schon wieder fit für jedes Abenteuer, unterhalte mich noch mit den netten Nachbarn, und dann geht's ab gen Olsberg. Erst jetzt, wo ich ausgeruht bin, kann ich den schönen Weg genießen. In Olsberg verpassen ich und einige andere Radler zwar erst mal das Schild für den Ruhrtal-Radweg, doch dann bin ich endlich drauf.

Kapitel 22

Kaffeeklatsch und Abtauchen

Ab Olsberg geht's noch etliche Kilometer durch das bergige Sauerland. Als in einem Ort eine Oma mein Radschieben am Berg mit den Worten kommentiert „Nur keine Müdigkeit vortäuschen" muss ich an mich halten, damit ich nicht patzig werde. Ich will keine Berge mehr fahren! Ich bin sie leid. Und ich bin müde. Dennoch genieße ich die Strecke bei schönem, nicht zu heißem Wetter. Ich passiere Bestwig und Meschede, wo Männer in Baumschulen die Weihnachtsbäume für 2007 schädlingsfrei spritzen. In Freienohl raste ich an einem Trucker-Imbiss. Hier entscheide ich spontan, wie ich meine letzten Kröten, rund 30 Euro, ausgebe. Ich bestelle Bratwurst und Kartoffelsalat und vertilge die üppige Portion binnen weniger Minuten.

Laut Ruhrtal-Radweg müsste ich nun eine ziemliche Schleife entlang des Flusses fahren. Doch ich mogle ein bisschen, fahre schnurstracks auf der B 7 nach Arnsberg. So spare ich mir zehn Kilometer. In Arnsberg, nun ja auf einem anderen Weg angekommen, frage ich vorsichtshalber eine Frau nach der Richtung. In dem Moment rauscht ein Mann an mir vorbei, der mit dem Arm zeigt und ruft „hier geht's lang" und mit einem Jungen weiterfährt. Ich treffe die beiden, es sind Vater und Sohn, unterwegs bald wieder. Wir fahren ein Stück zusammen, hier ist der Weg direkt am Ruhrufer entlang unter einem grünen Blätterdach besonders schön. In Arnsberg-Neheim lädt mich der Unbekannte ins Café ein. Er verbringt die letzten Ferientage mit seinem Sohn. Ulkig, er macht an diesem Tag seinen ersten Radausflug des Jahres; dagegen neigt sich meine Marathon-Tour dem Ende zu. Der Mann will mich gerne noch ein Stück begleiten, aber sein

Sohn streikt. Also Tschüss! Wochen später werden wir uns wiedersehen. Aber das ist eine ganz andere Geschichte.

Weiter geht's, endlich ohne Berg- und Hügelbezwingung. Nur vor Ardey lauern noch mal zwei fiese Steigungen, sonst bleibt die Strecke bis nach Hause schön eben. Meine letzte Übernachtung soll eine besondere sein. Hinter Langschede fahre ich auf den idyllisch gelegenen Campingplatz „Ruhrtalblick", was nicht zu viel versprochen ist. Für drei Euro kann ich auf dem Gelände, beschützt sozusagen, auf einer Wiese im Freien übernachten und auch noch Dusche und Toilette benutzen. Perfekt.

Nach dem Abladen zieht's mich an die Ruhr, in der seit einer Woche Kolibakterien schwimmen. Risiko, ich springe trotzdem ins Wasser, das arschkalt ist. Die Strömung ist schon in Ufernähe erstaunlich heftig. Ich passe schön auf – und werde beobachtet. Eine Clique Jungs lagert hier am Steg, zugedröhnt, mit was auch immer, bis in die Haarspitzen. Eigentlich wollten sie einen Ausflug machen, aber seit Tagen kommen sie nicht von der Stelle. Prost, wir trinken ein Bier zusammen. Dann verziehe ich mich auf meine Isomatte im Gras.

Am nächsten Morgen wecken mich Regentropfen. Schnell bringe ich alle Sachen zum überdachten Gebäude, in dem eine Gaststätte und die Sanitäranlagen untergebracht sind. Und dann trete ich am 51. Tour-Tag die letzte Etappe an. Meine Beine wirbeln nur so. In Hagen an einer Baustelle ist der Weg schlecht ausgeschildert, ab Wetter ist Mistwetter, das sich erst wieder ab Hattingen beruhigt. Hinter Witten muss ich mit einer Fähre über den Fluss setzen. Das ist kostenlos, möglich gemacht von der WABA, der Wittener Arbeits- und Beschäftigungsagentur. Jetzt gerade könnte ich umfallen vor Müdigkeit, aber ich muss weiter, weiter, nach Hause.

Als es wieder aufklart, mache ich noch in einem schönen Lokal am Fluss, ich weiß nicht mehr wo das war, Kaffeepause. Und genieße den Ruhrtal-Radweg, den ich nur empfehlen kann. Besonders das Stück auf Essener und Mülheimer Gebiet liebe ich. In Kettwig angekommen, führt kein Weg an der „Alten Fähre" vorbei. Ich bestelle mein Lieblingsgericht: gebratene Blutwurst mit Kartoffelpüree, unter das Endiviensalat gemischt ist. Einfach himmlisch. Dazu zische ich ein Radler, und bevor ich ein zweites, kleines, bestelle, rechne ich schnell die Zeche durch. Es reicht, gerade so. Am Ende sind noch zwei Euro und ein paar Cent in meiner Geldbörse.

Ein wenig beschwipst vom Radler strample ich die letzten Kilometer zum Wasserbahnhof nach Mülheim, die ich im Schlaf fahren könnte. Dann noch fünf Kilometer durch die Stadt, und ich halte nach über sieben Wochen wieder bei meiner Nachbarin. Sie hat meinen Schlüssel, ist aber nicht zuhause. Damit musste ich rechnen, weil ich mich nicht angekündigt hatte. Also rufe ich sie an, und ihre Mieterin lässt mich rein, um meine Schlüssel zu holen. Dann hält mich nichts mehr – ich schwebe geradezu die paar Meter bis zu meiner Wohnung. Mit 118 Kilometern habe ich am letzten Tourtag die längste Etappe bewältigt.

Wieder zuhause. Ich bin froh, dass ich mich darauf freue. Hier ist reichlich Platz für die Erinnerungen an die Tour meines Lebens.

In meiner Spur

Reich beschenkt mit Begegnungen mit spannenden, wunderbaren Menschen, mit Überraschungen, gemeisterten Anstrengungen, atemberaubend schönen Landschaften bin ich am 2. August 2007 vom Rad gestiegen – knusperbraun, durchtrainiert, um rund sechs Kilogramm Körpergewicht leichter. Ich fuhr in sieben Wochen und zwei Tagen genau 2716 Kilometer. Darauf bin ich mächtig stolz und flachse herum: „Ihr könnt zwosieben zu mir sagen." Da ich so viel erlebte, wuchs früh unterwegs der Wunsch, ein Buch über die Tour zu schreiben. Eineinhalb Jahre später schreibe ich den letzten Satz im Manuskript.

Insgesamt bin ich mit 650 Euro ausgekommen. Den Notgroschen, den mir der Hotelier Jürgen Feiden an der Mosel im verschlossenen Umschlag in die Hand drückte, brauchte ich nicht. Bei einem späteren Moselbesuch weiß Jürgen nicht mehr, wie viel Geld er eigentlich gesponsert hatte. Darüber lachen wir uns schlapp. Er will den nach wie vor verschlossenen Umschlag nicht zurückhaben – und ich ihn nicht annehmen. Er schlägt schließlich vor, ich solle das Geld jemandem schenken, den ich auf der Tour kennen gelernt habe. Ich muss nicht lange überlegen: Meine Wahl fällt auf die Naturfreunde in Stockstadt (Hessen), bei denen ich im Partyzelt übernachten durfte. Die Gastfreundschaft, die ich hier noch ziemlich am Anfang meiner Reise erlebte, gab mir viel Auftrieb.

Die eingeschränkten finanziellen Möglichkeiten empfand ich unterwegs also meist nicht als Manko. Aber was mache ich als erstes zuhause? Spachtle in den nächsten Tagen feist beim Italiener und im Steakhaus, gebe in Rekordzeit 100 Euro für Lebensmittel und Kosmetik aus, feiere mit meinen Freunden eine üppige Wiedersehensparty.

Doch der Kaufrausch ist ein kurzer, die Erfahrung, dass weniger oft mehr ist, dagegen prägend. Ich höre schon jetzt die kritischen Stimmen, die da sagen, dass man sich diese Einstellung auch erst mal leisten können muss. Okay, da ist etwas dran. Aber ich stehe dazu.

Zum Glück habe ich Anfang August 2007 noch über eine Woche frei zum Eingewöhnen, bevor der Alltag wieder beginnt. Ich habe anfangs das Gefühl, als würde ich neben mir stehen, alles ist so unwirklich. Ich bin wie besoffen von Eindrücken, Gefühlen, Gedanken und Augenblicken während meiner Tour. Die Realität stürmt laut, schrill, hektisch, anstrengend und viel zu schnell auf mich ein. Das passt nicht zusammen. Ich erlebe intensiv, wie verkehrt doch unser angeblich normales Leben ist: Anfang August stehen in Kaufhäusern die Zeichen auf Herbst, im Supermarkt gibt's die ersten Kürbisse, und im Baumarkt werden Weihnachtsdekorationen hervorgeholt. Die von uns selbst geschaffenen künstlichen Zeitabläufe kreisen mich wieder ein.

Doch sie kommen nicht wirklich an mich heran. Ich bade in einer inneren Ruhe, die ich gerne konservieren würde. Das ist mir nicht immer gelungen, aber viel öfter als früher, bilanziere ich Anfang 2009, als dieses Nachwort entsteht. Was mir keiner nehmen kann: den Stolz auf 2700 gestrampelte Kilometer, das Selbstvertrauen in meine Stärke und die Gewissheit, dass (fast) alles möglich ist, wenn man will.

Die Tour geht auch sonst nicht spurlos an mir vorüber. Ich finde die Kraft, Einsicht und den Mut für so manche Entscheidung und Veränderung: Ich trenne mich kurz nach der Rückkehr von einer Liebe, die in Wirklichkeit keine ist; eine langjährige Freundschaft gerät auf den Prüfstand – Ausgang ungewiss.

Ich höre auf, zu sehr meine Zukunft zu verplanen und mich mit bloßem Sicherheitsdenken selbst zu bremsen, denn meist kommt sowieso alles ganz anders; ich habe Sätze wie „Man könnte sich ja mal treffen" oder „Man könnte ja mal dies und das machen" aus meinem Wortschatz gestrichen; ich wende mich von Menschen ab, die den Spruch „Hilfe, ich habe so viel Stress und keine Zeit" zu oft herbeten.

Ich will das Leben nicht auf später verschieben.

Foto: Kurt Michelis

Susanne Storck, geboren 1964 in Nordhausen, wuchs in Thüringen auf. Sie erlernte den Beruf einer Betonwerkerin und studierte Philosophie in Jena. Sie war in verschiedenen Berufen tätig, unter anderem als freie Journalistin beim Rundfunk, in einer Jugendeinrichtung und in einem soziokulturellen Zentrum. Seit vielen Jahren ist sie Tageszeitungs-Redakteurin bei der WAZ Mediengruppe.

„ABGEFAHREN: Auf dem Rad durch Deutschland – mit wenig Geld und viel Gepäck" ist ihr erstes Buch. Susanne Storck lebt in Mülheim an der Ruhr.

Danksagung

Meine Freundin Kerstin Wolf war die erste, die das gesamte Manuskript gelesen hat. Obwohl die selbstständige Bauingenieurin weiß Gott genug zu tun hat, schmökerte sie mit Leidenschaft Seite um Seite. Danke, dass du mich und mein Machwerk nicht auf einen Sockel gestellt hast, sondern dich kritisch, präzise und mit Witz durch die Seiten gearbeitet und noch so manche Ungereimtheit entdeckt hast.

Danke sage ich auch Jens Dirksen, Redaktionsleiter Kultur/ Wochenende am Content Desk der WAZ Mediengruppe. Er hatte handfeste Tipps und gab meinem Exposé den letzten Schliff. Und: Als ich im Herbst 2010 zum ersten Mal verzagt und ratlos war, weil meine diversen Versuche, einen Verlag zu finden, nicht zum Erfolg geführt hatten, zauberte er im richtigen Moment einen Rat aus dem Ärmel. „Schick doch mal Arbeitsproben zum Sportwelt Verlag."

Ich tat's umgehend, und nur wenige Wochen später meldete sich die Verlagsinhaberin. Ihr gefiel mein literarischer Reisebericht, der in so gar keine Genre-Schublade passt. Danke, Nicole Luzar, dass Sie von Anbeginn an das Projekt glaubten und unserer Zusammenarbeit angenehm verbindlich und mit klaren Vereinbarungen ein festes Fundament gaben. Ihr Vertragsangebot im Dezember 2010 war eines der schönsten Weihnachtsgeschenke, das ich je bekommen habe.

„Machen Sie das nicht", warnte mich Christian Weihe Ende 2009 vor der Offerte eines anderen Verlages, die eine finanzielle Selbstbeteiligung vorsah. Ich hörte auf den Justiziar, der beim Deutschen Journalisten Verband (DJV) in Düsseldorf ein offenes Ohr für mich hatte. Zum Glück. Als Christian Weihe im Dezember 2010 dann den Sportwelt-Vertragsentwurf absegnete, lehnte ich mich entspannt zurück in der Gewissheit, alles richtig zu machen.

Mission Marathon – oder: Wie ich kein Superläufer wurde
251 Seiten, 8,95 EUR, ISBN 978-3-941297-04-3

Inhalt

Vorlauf

MICHAEL: Rechts.

AXEL: Wie, rechts?

MICHAEL: Vorbei.

AXEL: Wie, vorbei?

MICHAEL: Wir hätten rechts gemusst.

AXEL: Wo?

MICHAEL: An dem Weg gerade.

AXEL: Warum?

MICHAEL: Weil wir da rechts gemusst hätten.

ICH: (*Man müsste …*)

AXEL: Hättste das nich eher sagen können? So schnell kann ich nich reagieren, mitten im Lauf.

MICHAEL: Mein Gott, wenn ich das zu früh sage, hast du das doch bis zur Ecke wieder vergessen.

AXEL: Das Problem ist, dass du nich weit genug gucken kannst, um uns das früh genug zu sagen.

ICH: (*Man müsste …*)

MICHAEL: Laufen wir eben einen kleinen Umweg, ist ja nicht schlimm, die paar Kilometer. Gleich kommen wir an dem Golfklub vorbei, dann rechts, an der Pferdekoppel nach links, dann sind wir wieder auf dem alten Weg.

ICH: (*Wenn jetzt die Christa mit ihrer Streckenalzheimer mal nicht alles durcheinander bringt.*)

CHRISTA: Was ich sagen wollte, …

ICH: (*Zu spät*)

CHRISTA: …, hier sind wir doch noch nie gelaufen, oder?

MICHAEL: Doch, vor zwei Wochen bei dem Wolkenbruch in dem Zwanziger, nur anders rum.

CHRISTA: Sag ich doch, so rum noch nie.

ICH: (*Man müsste …*)

AXEL: Lothar, kannste nich auch mal was sagen? Wenn es nich um Mathe oder Zahlen geht, krisse kein Wort raus, du alten Stiesel.

ICH: Lass mal, ich denke grad nach.

AXEL: Ach nee, und worüber, wenn ich fragen darf?

ICH: Man müsste das alles mal aufschreiben.

MICHAEL: Was aufschreiben, was meinst du?

ICH: Den ganzen Stuss, den ihr hier redet, und dass die Christa keine Strecken behalten kann, und dass die Angelika nicht an ihre Qualitäten glaubt, wo sie doch so gut im Laufen ist, und wie das so war, mit den Marathons mit euch und wie das alles angefangen hat und so.

MICHAEL: Das willst du aufschreiben? Wofür?

ICH: Damit man das nachlesen kann.

ANGELIKA: Was nachlesen?

ICH: Wie ich kein Superläufer wurde.

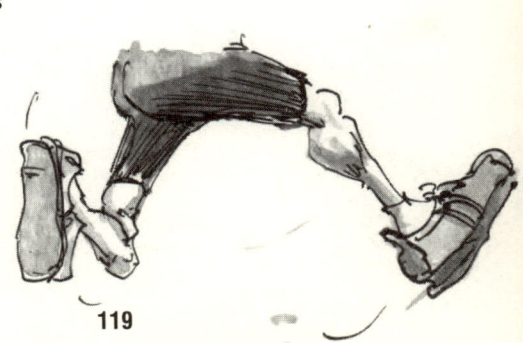

119

Der Dicke

Die traurigen und die ernsten Autoren:
Wer zu Papier bringt, was er leidet, wird ein trauriger Autor,
aber ein ernster, wenn er uns sagt, was er litt
und weshalb er jetzt in der Freude ausruht.

Friedrich Nietzsche*

In jungen Jahren war ich dick. Irgendwie quadratisch dick. Oder eher rundlich dick. Praktisch innerlich und äußerlich ohne Ecken und Kanten. „Voll fett", hätte Anna gesagt. Und Katrin hätte genickt: „Genau!" Dabei war ich immer zufrieden mit meinen langsamen Bewegungsabläufen. Und der Versorgung durch meine Mutter. Ein paar Brötchen zum Frühstück mit Cornflakes als Nachtisch, kräftige Stullen für die Pause, ein gutes Mittagessen nach der Schule, nachmittags manchmal ein wenig Kuchen, vielleicht mit Sahne, und ein leckeres Abendessen mit Vorsuppe zu den Schnittchen reichten mir vollkommen aus. Eltern und Lehrer lobten meine Genügsamkeit in allen Dingen, ich war kein Streber, sondern immer mit meinem Notendurchschnitt zufrieden, solange er knapp besser als zwei war und ich mich dafür nicht anstrengen musste.

Ich hätte nie vermutet, dass ich jemals intensiv Sport treiben würde. Obwohl ich alle Veranlagungen zum Sportler, vielleicht sogar zum Superläufer, hätte haben müssen. Mein Vater war Industriearbeiter, ständig gefordert von Früh-, Mittag- und Nachtschicht, zäh wie Leder, hart wie Kruppstahl, flink wie ein junger Windhund. Und zu Hause immer

---

* Anmerkung der Redaktion: Nietzsche, Nietzsche, war das nicht der Mann mit der Peitsche?
Anmerkung des Verkaufsleiters: Nein, ich glaube, das war Zorro oder Buffalo Bill.

müde, wegen der Regeneration. Obwohl er das Wort nicht kannte, nutzte er alle Möglichkeiten aus, seinem Körper die Ruhe zu verschaffen, die er brauchte. Beim Schlafen vor der Nachtschicht am Nachmittag, am Morgen vor der Mittagschicht, pünktlich vor der Frühschicht ganz früh abends.

Die Mutter Hausfrau, ständig auf Trab wegen der Versorgung des Kindes und des Facelíftings einer zu kleinen und zu engen Etagenwohnung, trotzdem immer ausgeruht und motiviert, das tägliche Fernsehprogramm nicht nur auswendig zu lernen, sondern das Erlernte auch in die Tat umzusetzen und auf seinen Wahrheitsgehalt zu prüfen. Ideale Voraussetzungen also für perfekte Läufer-Gene. Wegen der Ruhe nach der Belastung und der Belastung nach der Ruhe. Und umgekehrt.

Zu einem Höhepunkt in meiner ersten Karriere als Sportler kam es eines Frühlingsabends, als meine Mutter zu meinem sofadösenden Vater sagte: „Karl, der Kleine ist zu dick." „Mmh ...", kam die Antwort. Vater schlief also einmal nicht. Noch nicht. „Wir müssen etwas tun!" „Mmh ..." „Ka-arl, hast Du eine Idee?" „Laufen lassen."

Hätte meine Mutter meinen Vater ein wenig besser gekannt, was nach zwölf Ehejahren und der gemeinsamen Erziehung eines mittlerweile elfjährigen Buben zu erwarten gewesen wäre, hätte sie die Bedeutung der Halbschlaf-Bemerkung erkannt: Laufen lassen – laissez faire, abwarten, wird schon werden.

So verstand meine Mutter ihren Mann aber mehr als wörtlich und ersann ausnahmsweise selbstständig eine Lösung für das Problem: Laufen lassen – Sport treiben.

Meinem Vater als Fußballfan im Ruhrgebiet war das nur recht. Angeregt von seinen eindringlichen Sportweisheiten („Im Spiel ist vor dem Ende vom Spiel" und „Abseits ist, wenn der Ball unterwegs ist") entwickelte ich nach der

Anmeldung im örtlichen Fußballverein meine sportlichen Fähigkeiten. Umringt von zwanzig gleichaltrigen Stoppelhopsern verteidigte ich mit aller verfügbaren Körperfülle das runde Leder unter meinem speckigen Bauch, wenn die Masse den Ball jagte und mich als Fels in der Brandung einfach umwarf, wenn ich einmal zufällig in der Nähe des Geschehens stand. Ansonsten beschränkte ich mich darauf, die Hetze „Zwanzig jagen einen Ball" aus größerer Entfernung zu beobachten und bei bedrohlicher Annäherung des Spielgeräts an meine Wenigkeit die Schnürbänder meines Fußballstiefels einer eingehenden Betrachtung zu unterziehen.

Nach nur vier Wochen war meine Karriere als zukünftiger Sportstar beendet. Zuvor hätte ich um ein Haar noch an einem Spiel teilgenommen, als ich nämlich als sechster Einwechselspieler auf der Reservebank saß und trotz unserer deutlichen 7:0-Führung nicht eingewechselt wurde. Meine Mutter las auf der eilig von der Nachbarin ausgeliehenen Körperwaage eine Gewichtsreduzierung bei mir von unglaublichen 150 Gramm ab – von Vater hochgerechnet und interpoliert innerhalb der groben 500-Gramm-Einteilung – und stellte das Experiment daraufhin ein.

Vater und ich verschwiegen ihr in männlicher Übereinstimmung, dass unser Heimweg vom gemeinsamen Trainingsgang immer an der örtlichen Genussmeile vorbeigeführt hatte, deren verlockendem Angebot von frisch gezapftem Urpils (für den einen) und handgemachten Frikadellen (für den anderen) keiner von uns hatte widerstehen wollen.

Der Schnitt war so tief und bedeutsam, dass aktiver Sport für viele Jahre mein Leben verlassen sollte, zumal die in den Sechzigern des vergangenen Jahrhunderts rasant zunehmenden Möglichkeiten des televisionären Fußballgenusses für mehr als ausreichenden Ersatz sorgten.*

---

* Anmerkung der Redaktion: Wann geht es endlich mit dem Laufen los?

So kommen Sie in Schwung – Triathlon für Couchpotatoes

von Jayne Williams

Triathlon ist nicht nur etwas für junge, schnelle oder schlanke Menschen. Jeder kann die Bewegung genießen und Ziele erreichen, die er nie für möglich gehalten hätte! Und dafür ist es nie zu spät!

Die Autorin erzählt in lässig-saloppem Tonfall, wie sie vom stark übergewichtigen Sportmuffel zur leidlich erfolgreichen Hobby-Triathletin wurde und lädt jeden ein, sein Leben ebenfalls in Schwung zu bringen.

250 Seiten, 8,95 EUR, ISBN 978-3-941297-07-4

SPORT: Sei kein Frosch, Schweinehund!

von Marvin Running

Auf Schritt und Fehltritt: Es sind gewagte Expeditionen in die Welt des Sports, auf die Schweinehund Marvin sein „Herrchen" begleiten muss. Mit Laufen, Radeln, Schwimmen, Golf, Pilates und Zehnkampf bringt Marvin das Zwerchfell in Topform.

216 Seiten, 9,95 EUR, ISBN 978-3-941297-08-1

Boston Run – Der Marathon-Thriller

von Frank Lauenroth

Der Boston Marathon ist erst Brian Hardings zweiter Start über die 42-Kilometer-Distanz, doch er soll heute gewinnen. Ein neues Dopingmittel baut sich während des Laufs ab und wird im Ziel nicht mehr nachweisbar sein.

Doch die Formel der Substanz ist immens wertvoll, und so heftet sich der Geheimdienst NSA an Brians Fersen. Einsatzleiterin Rachel Parker weiß, dass sie an Brians Blut gelangen muss, bevor er auf die Zielgerade einbiegt. Die Jagd ist eröffnet.

224 Seiten, 8,95 EUR, ISBN 978-3-941297-05-0

Auch als Hörbuch erhältlich. Sprecher: Johannes Steck

www.sportwelt-verlag.de

Lauftraining für Triathleten und Marathonläufer

von Ken Mierke

Um dauerhaft verletzungsfrei und schnell zu laufen, sind ein gesunder Laufstil, eine energiesparende Technik und ein gutes Wettkampfgewicht unerlässlich. Je austrainierter ein Körper bereits ist, desto größere Leistungssprünge lassen sich durch eine verbesserte Effizienz erzielen, als mit irgendeiner Änderung des Trainingsplans.

370 Seiten, 24,95 EUR, ISBN 978-3-9811428-2-2

Schwimmtraining für Triathleten und Langstreckenschwimmer

von Steve Tarpinian

Schneller schwimmen leicht gemacht! Steve Tarpinian zeigt, wie Sie Ihren Krafteinsatz reduzieren und dank verbesserter Technik viel leichter und schneller durchs Wasser gleiten. Nehmen Sie sich ein Beispiel an den Fischen, und kämpfen Sie nicht mit aller Kraft gegen die Dichte des Wassers an, sondern gleiten Sie stromlinienförmig hindurch.

216 Seiten, 22,95 EUR, ISBN 978-3-9811428-1-5

Mentales Training für Triathleten und alle Ausdauersportler

von Jim Taylor und Terri Schneider

Von zwei Sportlern mit den gleichen körperlichen Voraussetzungen und der gleichen Ausrüstung wird bei einem Kopf-an-Kopf-Rennen stets derjenige gewinnen, der mental besser vorbereitet ist. Und genau wie beim körperlichen Training erfordert es viel Zeit und eine gezielte Vorbereitung, seine mentale Leistungsfähigkeit zu entwickeln.

352 Seiten, 22,95 EUR, ISBN 978-3-9811428-0-8

www.sportwelt-verlag.de

Das Paläo-Prinzip der gesunden Ernährung im Ausdauersport

von Loren Cordain und Joe Friel

Durch Zeitmangel und Fertigkost wird unsere Ernährung immer einseitiger. Und sie weicht massiv von der genetischen Veranlagung ab, die der Mensch im Laufe seiner Jahrmillionen langen Evolution manifestiert hat! Für ambitionierte Sportler gehört dazu neben der Art der Nahrung auch der Zeitpunkt der Nahrungsaufnahme!

384 Seiten, 18,95 EUR, ISBN 978-3-941297-10-4

Grundlagentraining für Radsportler

von Thomas Chapple

Jeder Radsportler, der beim wichtigsten Rennen seiner Saison top in Form sein will, braucht zunächst eine solide Grundlage. Dabei gilt es, früh im Jahr locker zu trainieren, die Effizienz zu steigern und das optimale Wettkampfgewicht zu finden, um später in der Wettkampfphase richtig schnell zu sein.

380 Seiten, 24,95 EUR, ISBN 978-3-9811428-8-4

Die Kunst zu siegen
Meine Erfolgsgeschichten von acht Siegen bei der Tour de France

von Johan Bruyneel mit Bill Strickland, Vorwort von Lance Armstrong

Der erfolgreichste Teamchef aller Zeiten gibt teils äußerst intime Einblicke in sein Seelenleben. Die lockere Sammlung spannend erzählter Episoden gewährt einen Blick hinter die Kulissen des Radsports und Bruyneels taktische Geniestreiche. Ein Muss für jeden Fan des Radsports.

257 Seiten, 14,95 EUR, ISBN 978-3-941297-01-2

www.sportwelt-verlag.de

Trainingspläne für Triathleten und andere Ausdauersportler

von Gale Bernhardt

Egal, ob Sie ein Läufer oder Radfahrer sind und einmal einen Duathlon bestreiten, als Triathlet erstmals das Abenteuer der Langdistanz angehen oder sich in nur wenigen Wochen für einen kürzeren Wettkampf fit machen möchten – Sie finden in jedem Fall den geeigneten Trainingsplan.

380 Seiten, 26,95 EUR, ISBN 978-3-9811428-4-6

Krafttraining für Triathleten

von Robert G. Price

Ein kräftiger Rumpf stabilisiert den Körper und garantiert, dass all Ihre Energie in die Fortbewegung fließt. Kräftige Sehnen und Bänder sind die Voraussetzung für eine verletzungsfreie Saison.
Und kräftige Arme und Beine? Nun, die sorgen dafür, dass Sie Ihrer Konkurrenz im Zielsprint mehr als nur eine Nasenlänge voraus sind.

202 Seiten, 22,95 EUR, ISBN 978-3-9811428-9-1

Der Lauf meines Lebens – Im Kampf gegen den Krebs zur Ironwoman

von Ruth Heidrich

Als bei Ruth Heidrich im Alter von 47 Jahren Brustkrebs diagnostiziert wird, verzichtet sie ab sofort auf tierische Nahrungsmittel und sucht sich ein ungeahntes sportliches Ziel – einen Ironman- Triathlon: 3,8 Kilometer Schwimmen, 180 Kilometer Radfahren und 42,2 Kilometer Laufen. Begleiten Sie die sympathische Hawaiianerin auf ihrem Weg voller Höhen und Tiefen.

208 Seiten, 12,90 EUR, ISBN 978-3-9811428-7-7

www.sportwelt-verlag.de